who? 근현대사

글 유경원

한국외국어대학교 일본어과를 졸업하고 한겨레 출판만화학교 스토리 작가반 1기를 수료했습니다. 1996년에 《두치와 뿌꾸》의 스토리 작가로 데뷔 후 《소년 챔프》, 《월간 팡팡》 등 여러 만화 잡지에 만화 스토리를 연재했습니다. 그 밖에 어린이 만화 《한문철의 어린이 교통안전》, 《who? K-pop IU》, 《개콘프렌즈 개콘탐정단》, 《허팝 과학파워》, 《포트리스》, 《이현세의 한국사 바로보기》, 《전쟁사 100장면》, 《카트라이더》, 《한자 도둑》 등의 스토리를 담당했습니다.

그림 정병훈

꿈과 희망을 전해 줄 수 있는 인물들의 이야기를 디테일한 감성으로 이끌어 내고자 노력하고 있습니다. 대표작으로는 《삼국 시대 이야기》, 《과학 원정대 태풍》, 《who? 사이언스 그레고어 멘델》, 《who? 한국사 박지원》 등이 있습니다.

추천 황현필

인문계 고교 교사로 7년 동안 재직 후 EBS와 공무원 등 수험 한국사를 가르쳤습니다. 이후 유튜브 '황현필 한국사' 채널에서 누구나 쉽게 접할 수 있는 대중적인 역사 강의를 하고 있습니다.

 **who? 근현대사**

안중근

초판 1쇄 발행 2025년 7월 1일
초판 2쇄 발행 2025년 9월 8일

글 유경원 **그림** 정병훈 **표지화** 신춘성

펴낸이 김선식
펴낸곳 다산북스

부사장 김은영
어린이사업부총괄이사 이유남
디자인 김은지 **책임마케터** 김희연
어린이콘텐츠사업1팀장 박정민 **어린이콘텐츠사업1팀** 김은지 강푸른 류지형
어린이마케팅본부장 최민용 **어린이마케팅1팀** 안호성 이예주 김희연 **기획마케팅팀** 류승은 박상준
편집관리팀 조세현 김호주 백설희 **저작권팀** 성민경 이슬 윤제희
재무관리팀 하미선 임혜정 이슬기 김주영 오지수
인사총무팀 강미숙 이정환 김혜진 황종원
제작관리팀 이소현 김소영 김진경 이지우 황인우
물류관리팀 김형기 김선진 주정훈 양문현 채원석 박재연 이준희 이민운
외부 스태프 정보교 윤정현

출판등록 2005년 12월 23일 제313-2005-00277호
주소 경기도 파주시 회동길 490
전화 02-704-1724 **팩스** 02-703-2219
다산어린이 카페 cafe.naver.com/dasankids **다산어린이 블로그** blog.naver.com/stdasan
종이 스마일몬스터 **인쇄** 한영문화사 **코팅 및 후가공** 평창피엔지 **제본** 대원바인더리

ISBN 979-11-306-6817-8   14990

who? 근현대사
안중근

다산
어린이

올바른 역사 교육의 시작, who? 근현대사

　근현대사는 우리에게 가장 가까운 역사이자 현재 살아 있는 역사입니다. 그중에 빼앗긴 나라를 되찾기 위해 전개된 독립운동사는 대한민국 사람이라면 꼭 알고 있어야 하는 내용입니다.

　이 나라의 미래인 어린이들이 근현대사와 독립운동사를 반드시 알아야 할 이유가 있습니다. 역사를 올바른 시선으로 보는 법을 배우고, 어려움을 극복한 여러 인물과의 만남을 통해 교훈을 얻음으로써 어린이가 스스로 성장하는 데 도움이 되기 때문입니다. 또한 내가 살고 있는 이 나라 대한민국을 올바르게 사랑하는 애국심을 기르기 위함이 역사 교육의 가장 중요한 목적이 될 것입니다.

　저는 일제강점기를 살았더라면 당연히 독립운동했을 것이라는 확고한 신념이 있었습니다.

　어느 겨울날 아침 일찍 강의를 위해 집을 나서기 전, 잠든 제 아이들의 볼에 입을 맞추었습니다. 아이들의 볼에서 전해지는 따스한 온기를 느끼자, 추운 집 밖으로 나가기가 싫어지며 다시 침대에 눕고 싶은 마음이 요동쳤습니다. 그 순간, 만주 벌판에서 혹독한 겨울을 견디며 총을 들고 싸웠던 수많은 독립군이 떠올랐습니다.

　"내가 일제강점기를 살았더라면, 독립운동을 위해 눈에 넣어도 아프지 않은, 사랑하는 나의 아이들을 두고 생사를 장담할 수 없는 춥디추운 만주 벌판으로 나설 수 있었을까?"

　독립운동가들은 존경받아야 합니다.

　〈who? 근현대사〉 시리즈는 일제강점기 당시 조국의 독립을 위해 헌신한 인물들을 소개하고 있습니다. 임시정부를 이끌면서 독립운동의 상징적 인물이 된 김구, 봉오동과 청산리에서 일본군을 무찌른 대한독립군 사령관 홍범도, 사회적으로 취약했던 어린이의 인권을 존중하며 소년 운동을 주도한 방정환, 일제강점기 우리 한글을 지켜낸 주시경, 죽는 날까지 하늘을 우러러 한 점 부끄럼이 없었던 저항 시인 윤동주 등 독립운동가들의 발자취 속에서 좌절과 시련을 이겨내고, 희망으로 나아가는 길을 경험하게 될 것입니다. 이 시리즈에서 다루는 인물들의 이야기는 단순한 '역사적 기록'이 아니라, 어린이들에게 용기와 올바른 가치를 심어 주는 '교훈'입니다.

〈who? 근현대사〉 시리즈를 읽으며 대한민국의 미래가 되는 우리 어린이들이 독립운동가를 존경하는 마음을 갖고, 올바른 역사관을 키워 나가길 기대합니다.

한 가지 더 부모님께 당부드립니다. 만약 아이들이 "우리나라는 어떻게 일본으로부터 독립할 수 있었나요?" 하고 묻는다면 이렇게 답해 주세요.

"태평양 전쟁에서 일본이 미국에 패배하면서 우리가 독립을 맞이할 수 있었던 것은 사실이란다. 하지만 그보다 더 중요한 건, 수많은 독립운동가의 희생과 노력이 있었기 때문에 우리가 '완전한 독립'을 얻을 수 있었다는 거야. 그래서 우리는 독립운동가를 기억하고 존경해야 한단다."

황현필 역사바로잡기연구소장

황현필 선생님은 인문계 고등학교에서 역사를 가르쳤습니다. 이후 EBS와 공무원 강의를 통해 한국사를 가르치다 유튜브 '황현필 한국사' 채널을 개설하고 누구나 쉽게 접할 수 있는 대중적인 역사 강의를 하고 있습니다. 2023년에는 남해를 '이순신해'로 병행표기하자는 의견을 제시하고, 국회의원들과 함께 입법 발의를 이끌어 내기도 했습니다. 또, '기억하는 자들이 사라지면, 역사는 왜곡된다'는 신념을 가지고 일제강점기 독립운동을 부정하는 사람들에 맞서 올바른 역사관을 심어 주려고 노력하고 있습니다. 대표 저서로는 《황현필의 진보를 위한 역사》, 《이순신의 바다》, 《어린이를 위한 이순신의 바다 1·2》, 《황현필의 한국사 평생 일력》, 《요즘 역사》 등이 있습니다.

황현필 역사바로잡기연구소장님의 한국사 강의를 만나 보세요. ▲

세계적인 리더로 성장하기 위한 밑거름

〈who?〉 시리즈는 어린이들은 물론 어른들에게도 재미와 감동을 주는 교양 만화입니다. 대한민국은 물론 전 세계에 영향력을 끼친 인물들로 구성되었으며, 인물들의 삶과 사상을 객관적으로 전해 줍니다. 이처럼 다양한 분야에서 활약한 인물들의 이야기를 통해 과학, 예술, 정치, 사상에 관한 정보는 물론이고, 시대별 문화와 역사까지 배우게 될 것입니다.

〈who?〉 시리즈의 가장 큰 장점은 인물들이 그들의 삶에서 겪은 기쁨과 슬픔, 좌절과 시련, 감동을 어린이들이 함께 느낄 수 있다는 것입니다. 어린이 독자들이 인물들을 통해 자신만의 멘토를 만나 세계적인 리더로 성장하기를 진심으로 응원합니다.

존 덩컨 미국 UCLA 동아시아학부 교수
한국학 분야의 세계적인 석학으로, 미국 UCLA 한국학연구소 소장 및 동 대학의 동아시아학부 교수를 겸직하고 있습니다.

세상을 더 나은 곳으로 만든 사람들의 이야기

어린이들은 자라면서 수많은 궁금증을 가지게 됩니다. 그중에서도 "저 사람은 누굴까?"라는 질문은 종종 아이들의 머릿속을 온통 지배해 버리기도 합니다. 〈who?〉 시리즈는 그런 궁금증을 해결해 주기 위해 다양한 분야의 인물들을 소개하고 있습니다.

〈who?〉 시리즈에 등장하는 인물들은 인종과 성별을 넘어 세상을 더 나은 곳으로 만든 사람들입니다. 어린이들은 이 책에서 디지털 아이콘으로 불리는 스티브 잡스는 물론 니콜라 테슬라와 같은 천재 발명가를 만날 수 있습니다.

책 속 주인공들의 어린 시절 이야기를 통해 기쁨과 슬픔, 도전과 성취감을 맛보고, 그들과 함께 성장하면서 인류에 도움이 되는 사람이 되겠다는 포부와 자신감을 갖게 될 것입니다.

에드워드 슐츠 하와이주립대학교 언어학부 교수
하와이주립대학교 언어학부 교수이자, 동 대학교 한국학센터 한국학 편집장을 역임한 세계적인 석학입니다. 현재 한국과 미국, 일본을 오가며 활발하게 활동하고 있습니다.

미래 설계의 힘을 얻는 길이 여기에

어린 시절 만난 한 권의 책이 인생에 미치는 영향이 얼마나 큰지는 꿈을 이룬 사람들을 통해서 알 수 있습니다. 빌 게이츠는 오늘날 자신을 만든 것은 동네의 작은 도서관이었다고 말하고, 오프라 윈프리는 어린 시절 유일한 친구는 책이었음을 고백하며 독서의 중요성에 대해 이야기합니다.

꿈을 이룬 사람들의 공통점은 또 있습니다. 그들에게는 어린 시절, 나만의 특별한 위인이 있었습니다. 버락 오바마, 빌 게이츠, 조앤 롤링, 스티브 잡스 등 세상을 바꾼 사람들의 감동적인 이야기를 담은 〈who?〉 시리즈는 어린이들이 희망찬 미래를 그리고 구체적인 목표를 설정할 수 있도록 도와줄 친구이면서 안내자입니다.

송인섭 한국영재교육학회 회장
자기 주도 학습 분야의 최고 권위자로, 한국영재교육학회 회장입니다. 한국교육심리연구회 회장, 한국교육평가학회장, 한국영재연구원 원장을 역임했습니다.

평생을 이끌어 줄 최고의 멘토를 만나다

국제회의 통역사로 30년 동안 활동하면서 세계적인 리더들을 만났던 저는 대한민국의 초등학생들에게 특별한 조언을 해 주고 싶습니다. 그것은 큰 꿈을 가지라는 것입니다. 꿈은 힘들고 지칠 때 나를 이끌어 주는 힘이고 내 인생의 주인이 되어 일어설 수 있게 하는 원동력이 되어 줍니다. 저 역시 어린 시절 품었던 꿈 덕분에 괴롭고 힘들어도 포기하지 않고 다시 일어설 수 있었습니다.

어린 시절 저에게도 용기를 불어넣어 주고 힘이 되어 주었던 분들이 있었습니다. 지금의 자리로 저를 이끌어 준 멘토들처럼 〈who?〉 시리즈에서 여러분의 친구이자 형제, 선생님이 되어 줄 멘토를 만날 수 있기를 바랍니다.

최정화 우리나라 최초 국제회의 통역사
우리나라 최초의 국제회의 통역사로 한국외국어대학교 번역대학원 교수입니다. 세계에서 꿈을 펼치려고 하는 소년들에게 멘토의 역할을 충실히 하고 있습니다.

구성 및 활용법

등장 인물 소개

본문 만화에 나오는 중심 인물을 비롯하여 나오는 인물들을 소개합니다. 이야기를 읽기 전 인물에 대해 미리 알아볼 수 있어요.

인물 관계도

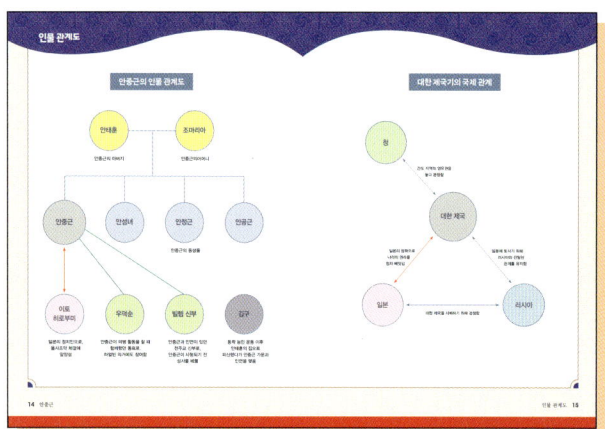

이야기 속 여러 인물들의 관계를 한눈에 보여 줍니다. 이야기 흐름을 파악하는 데 도움을 줄 거예요.

인물 만화

우리나라 역사 인물들을 만화로 만나면 어렵고 딱딱한 역사도 쉽고 재미있게 즐길 수 있어요.

근현대사 흐름 잡기

생생한 사진과 자세한 해설로 근현대사 흐름을 알려 주어 다양한 교과 연계 학습이 가능합니다.

한국사 연표

선사 시대부터 현재까지 이어진 한국사 전체 연표로 역사의 전체 흐름을 이해할 수 있어요.

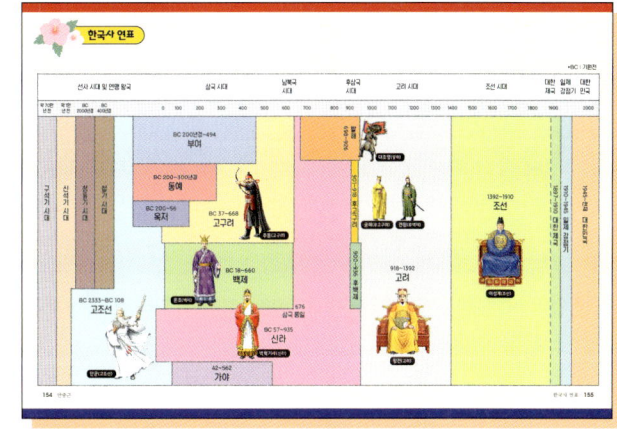

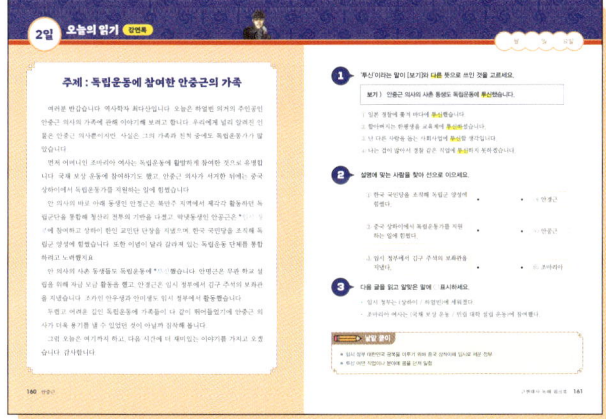

근현대사 독해 워크북

하루에 하나씩 지문을 읽고 문제를 풀어 보세요. 하루하루가 쌓여 문해력이 향상됩니다.

차례

등장인물 소개

독립운동가 · 군인
안중근
1879~1910

동양의 평화를 꿈꾸며 투쟁한 안중근은 어린 시절, 외세의 침략을 받는 우리나라의 상황을 바라보며 나라를 살릴 방법을 고민하였어요. 천주교에 입교해 사람들을 계몽하고, 학교를 세워 학생들을 길러 내기도 했던 그는 나중에 연해주의 블라디보스토크로 건너가 의병 활동을 펼치기도 하였어요.

독립운동가
조마리아
1862~1927

안중근의 어머니로, 안중근이 죽고 난 후 상하이로 건너가 대한민국 임시 정부의 정신적 지주 역할을 하였어요. 안중근이 이토 히로부미를 처단한 뒤 사형 판결을 받았을 때도 당당한 태도를 유지하였어요.

안중근의 아버지
안태훈
1862~1905

안중근의 아버지로, 어린 시절 천재라 불리며 외국으로 가는 유학생으로 선발되기도 하였어요. 그러나 나라가 혼란스러워지며 청계동이라는 작은 동네로 이사해 살게 되었지요. 나중에 아들 안중근과 함께 외국으로 건너가 독립운동을 펼치려 했지만, 안타깝게도 병을 얻어 세상을 떠나고 말았어요.

일본의 정치인
이토 히로부미
1841~1909

일본의 근대화를 이끈 정치인이에요. 을사조약 체결을 주도하고 초대 한국 통감으로 부임하면서 우리나라를 사실상 일본의 식민지로 만든 인물이기도 하지요. 러시아와 회담을 하러 하얼빈역에 도착했을 때, 안중근이 쏜 총탄에 맞아 사망하였어요.

1879년	1894년	1897년	1905년
안중근 출생	동학 농민 운동	천주교 입교	을사늑약

독립운동가
김구
1876~1949

훗날 대한민국 임시 정부를 이끌게 되는 인물이에요. 젊은 시절 동학 농민 운동에 참여했다가 실패하자 안태훈의 집으로 피신하였어요. 그곳에서 10대였던 안중근을 만나게 되지요. 그는 어린 안중근이 예사롭지 않은 인물이라는 것을 단번에 알아보아요.

독립운동가
이강
1878~1964

독립운동을 펼치기 위해 연해주의 블라디보스토크로 건너가 《대동공보》의 기자로 일하였어요. 동양의 평화를 위해 이토 히로부미를 처단하겠다는 안중근의 굳은 다짐을 알아차리고 그를 지원해 주어요.

안중근이 활동한 시대는?

안중근의 어린 시절, 조선은 이제 막 나라의 문을 열고 서양의 문물을 받아들이고 있었어요. 일본과 서양의 강대국들은 조선을 경제적, 군사적으로 침략했지요. 특히 일본은 1894년 동학 농민 운동이 일어나자 이를 빌미로 쳐들어와 조선을 자신들의 입맛에 맞게 휘두르려 했어요. 1905년에는 일본의 유력 정치인이었던 이토 히로부미가 우리 땅으로 건너와 대한 제국의 황제였던 고종과 그의 신하들을 총칼로 협박하며 강제로 을사조약을 체결했어요. 당시 독립운동가들은 일본의 침략에 맞서 우리 민족을 교육하는 계몽 운동을 펼치기도 했고, 직접 일본군과 맞서는 의병 활동을 전개하기도 했지요. 1910년 일본이 우리나라를 강제로 병합한 뒤에도 우리 민족은 일본에 굴복하지 않았어요. 오히려 중국이나 미국, 러시아 등지로 건너가 일본과 치열하게 맞서 싸웠지요.

● 1906년
삼흥 학교·돈의 학교 운영

● 1908년
의병 활동

● 1909년
하얼빈 의거

● 1910년
안중근 사망

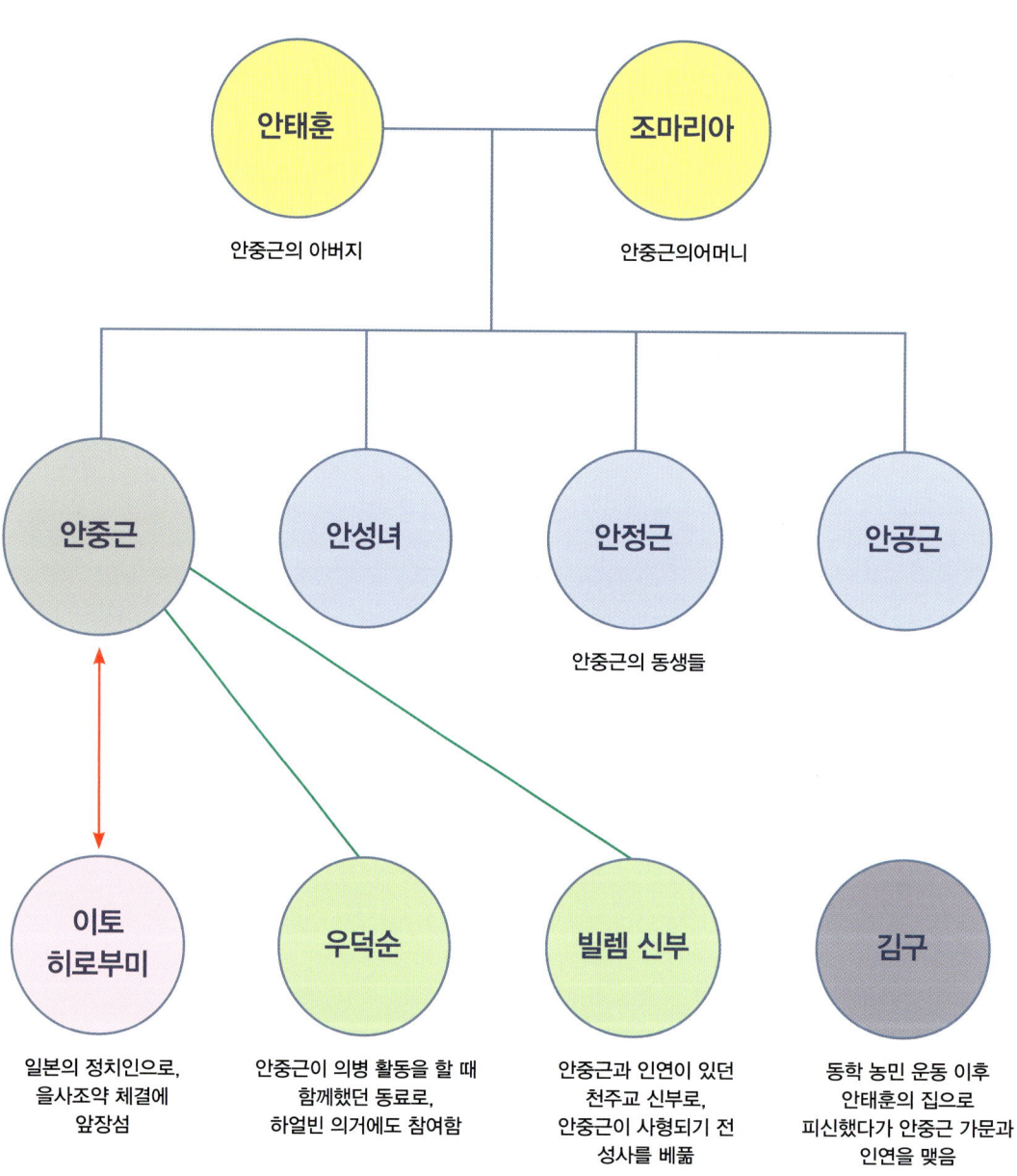

안중근의 인물 관계도

안태훈
안중근의 아버지

조마리아
안중근의어머니

안중근

안성녀

안정근

안공근

안중근의 동생들

이토 히로부미
일본의 정치인으로,
을사조약 체결에
앞장섬

우덕순
안중근이 의병 활동을 할 때
함께했던 동료로,
하얼빈 의거에도 참여함

빌렘 신부
안중근과 인연이 있던
천주교 신부로,
안중근이 사형되기 전
성사를 베풂

김구
동학 농민 운동 이후
안태훈의 집으로
피신했다가 안중근 가문과
인연을 맺음

대한 제국기의 국제 관계

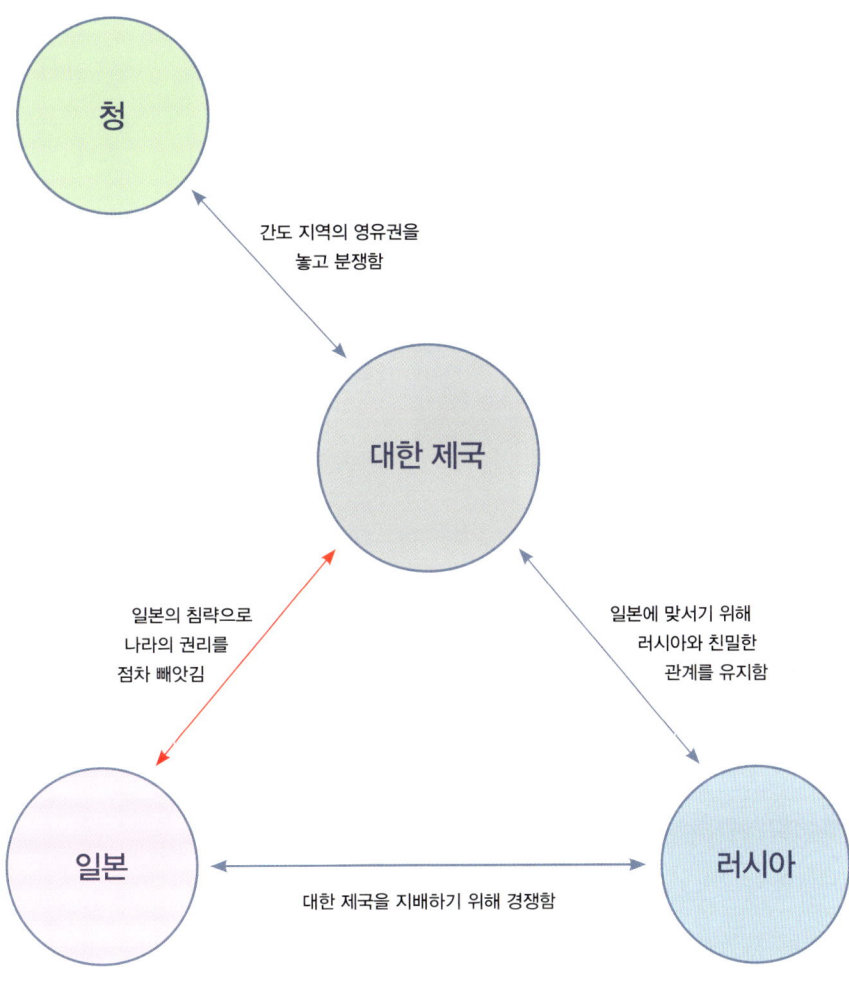

청

간도 지역의 영유권을
놓고 분쟁함

대한 제국

일본의 침략으로
나라의 권리를
점차 빼앗김

일본에 맞서기 위해
러시아와 친밀한
관계를 유지함

일본

대한 제국을 지배하기 위해 경쟁함

러시아

이 총은 일본군의 군화에 짓밟힌 우리 민족의 피.

그리고 이 총탄은 고통에 신음하는 우리 민족의 한숨과 눈물.

철컥 컥

그 모든 분노와 슬픔을 한데 모아 원수의 심장을 겨눈다!

어머니, 저는 이제 길을 떠납니다.

어떤 시련과 고통이 닥쳐와도 절대로 적들 앞에 무릎 꿇지 않는 자랑스러운 대한의 자식이 되겠습니다.

며칠 전부터 하얼빈에 도착해서 거사를 준비한 안중근은 거침없이 하얼빈역으로 향했습니다.

빠아아아 아아앙

목표는 일본에서 오는 이토 히로부미!

제국주의 일본의 내각 총리를 지낸 그는 1905년
을사조약을 통해 대한 제국의 외교권을 빼앗고
초대 한국 통감까지 맡았던 인물입니다.

응?

길을 안내하는
북두칠성…?

좋은 징소로군!

몇 시간 뒤 하얼빈역에서는 여섯 발의 총성이 들렸고, 이어서
전 세계를 뒤흔든 '대한 만세'의 외침이 울려 퍼졌습니다.

1 🌺 북두칠성의 기운을 지닌 소년

1884년 황해도 해주 수양산.

시간이 너무 늦었구나.
너희 아버지가
걱정하시겠는데?

괜찮아요.
큰아버지 따라
산에 갔다 온다고
말씀드렸어요.

그럼 이제부턴 제 뒤를 따라오세요!

뭐? 네가 어떻게?

북두칠성을 보면 방향을 알 수 있어요.

...

아, 맞다! 네가 태어날 때 몸에 북두칠성처럼 생긴 점이 일곱 개 있었는데. 아직도 있니?

그럼요.

안중근의 어린 시절 이름은 응칠. 북두칠성을 연상시키는 이름이었습니다.

북두칠성은 길 잃은 사람들에게 길을 안내하는 별자리라던데, 혹시 저 녀석이?

이쪽이 틀림없어요!

아버지!

어머니!

산에 간다더니 너무 늦어서 걱정했잖니!

당분간 외출은 금지다!

괜히 내가 미안하네.

근데 이 녀석, 나보다도 산을 잘 타더라고. 아무래도 글공부보다는….

형님!

배고파요!

그래, 그래. 들어가서 밥 먹자.

그 무렵 국운이 기울어 가던 조선은 외세와 각종 조약을 맺으며 물자를 수탈당하고 있었습니다.

당시에는 임오군란이 일어나고, 곧이어 급진 개화파가 갑신정변을 일으켰다가 청나라의 개입으로 실패하는 등 나라가 어수선한 상황이었습니다.

나라가 점점 어지러워지고 있습니다. 이대로 있다가는 우리 집안도 무사하지 못합니다. 그러니 이사를 가는 게 좋겠습니다.

어려서부터 사냥을 좋아했던 안중근은 포수들과 어울리며 총쏘기 기술을 배웠습니다.

타앙 탕‥

대단해! 하나를 가르치면 열을 깨우친다니까!

저 녀석은 타고난 사냥꾼이야!

어때요?

더 이상 가르칠 게 없다. 당장 사냥을 나가도 되겠어.

아, 맞다!

왜요?

이번에 포수들끼리 편을 갈라서 사격 대회를 여는데, 너도 한번 참가해 볼 테냐?

그럼요. 꼭 참가하고 싶어요! 열심히 해 볼게요!

이건 내가 아끼는 총이다. 이 총으로 수많은 사냥에 성공했지. 이번에 너한테 주마.

감… 사합니다.

왜? 막상 대회에 나간다고 하니 겁나는 게냐?

아… 아니에요!

잘할 수 있어요!

하 하 하..

오오!

역시!

후후…
생각보다
쉬운데?

확실히 타고난
명사수 기질이 있군.

감사합니다.

하지만 재능만 있다고
반드시 좋은 것은 아니다.
무엇을 사냥하느냐가
중요하지. 하늘이 내린
솜씨를 헛되이 쓰지
않도록 해라.

…!

2년 뒤, 안중근은 한 인물과 운명적인 만남을 갖게 됩니다.

저 사람은 누구지?
처음 보는 손님이야.

안 지사의 아들?
아직 어린 소년
같은데 눈빛이…!

1895년, 당시 스무 살이었던 김구는 동학 농민 운동에 참가했다가 실패하자 잠시 몸을 숨기기 위해 안중근의 아버지 안태훈의 집으로 찾아왔습니다. 그 자리에서 김구는 열여섯 살의 안중근과 마주치게 되었습니다.

이쪽이 내 아들 중근일세.

만나서 반갑네.

앞으로 잘 부탁드립니다.

그것이 바로 훗날 오랜 인연으로 이어질 안중근과 김구의 첫 만남이었습니다.

안중근의 어린 시절 조선의 상황

안중근이 태어나던 조선 후기에는 서양 열강과 일본 등 여러 나라가 조선에 접근하기 시작했습니다. 이들은 조선을 개항시켜서 자신들의 세력을 넓히려 했지요. 그러면서 조선은 혼란스러운 시기를 맞게 됩니다. 과연 안중근의 어린 시절, 조선에서는 어떠한 일들이 일어났을까요?

강화도 조약

1875년(고종 12년), 일본은 군함 운요호를 보내 조선을 강제로 개항시키려 했습니다. 운요호는 조선을 자극하기 위해 일부러 허락 없이 강화도에 접근해 조선군과 교전을 벌였습니다. 일본은 이 사건의 책임이 조선에 있다고 주장하면서 조약 체결을 요구했어요.
당시 조선에서도 나라의 문을 열고 서양의 문물을 받아들이자는 주장이 커지고

조선을 강제로 개항시키기 위해 파견된 운요호의 모습

있었어요. 결국 1876년(고종 13년) 조선은 일본과 '강화도 조약'을 맺게 됩니다. 그렇지만 이 조약은 일본이 조선 해안을 자유롭게 측량할 수 있다는 조항과, 일본 사람이 조선에서 범죄를 저지르는 경우 일본 법에 따라 처벌한다는 치외 법권 등의 내용이 담겨 있는 불평등 조약이었어요.
이후 조선은 다른 나라와도 조약을 맺으며 나라의 문을 활짝 열었습니다. 하지만 이 과정에서 조선은 점차 일본과 청나라, 서양 열강이 세력권을 놓고 다투는 각축장이 되어 갔지요.

갑신정변

안중근이 다섯 살이던 1884년(고종 21년), 김옥균을 비롯한 급진 개화파는 정변을 일으켜 조선을 빠르게 근대화시킬 계획을 세웠습니다. 이들은 정변을 계획하는 과정에서 일본의

힘을 빌렸습니다. 그리고 우정국(오늘날의 우체국)이 처음으로 생긴 것을 축하하는 잔치가 열리는 날을 골라 갑신정변을 일으켰어요.

곧이어 급진 개화파는 청나라의 간섭을 거부하고 신분제를 폐지하자는 내용을 담은 개혁안을 발표합니다. 하지만 정변이 일어난 지 사흘 만에 청나라 군대가 궁궐로 쳐들어왔어요. 급진 개화파를 돕겠다고 약속했던 일본군은 상황이 불리해지자 도망쳐 버렸지요. 이렇게 갑신정변은 실패로 돌아갔습니다.

갑신정변이 벌어지던 당시 안중근의 아버지 안태훈은 한양에 머무르고 있었습니다. 급진 개화파의 핵심 인물이었던 박영효가 그를 유학생으로 선발했거든요. 하지만 갑신정변이 실패로 끝나면서 안태훈은 유학을 떠날 수 없게 되었어요. 그는 고향으로 돌아와 가족들을 데리고 인적이 드문 작은 동네인 청계동으로 이주합니다.

동학 농민 운동

1894년(고종 31년), 조선은 나라를 책임져야 할 관리들의 부패와 무능 때문에 신음하고 있었습니다. 이때 조선 후기에 만들어진 종교인 동학을 중심으로 백성들이 모여서 들고일어났어요. 이 사건이 동학 농민 운동입니다.

동학 농민군은 조선 관군과의 싸움에서 계속 승리합니다. 당황한 조선 정부는 이들을 진압하기 위해 청나라에 도움을 요청했어요. 그러자 청나라뿐 아니라 일본까지 옳다구나 하고 조선에 군대를 이끌고 들어옵니다. 외세의 간섭을 걱정한 동학 농민군의 지도자 전봉준은 정부와 협상해 '전주 화약'을 맺고 군대를 해산했습니다.

동학 농민군의 항전을 기념하는
공주 우금치 전적비 ⓒ문화재청

하지만 일본은 동학 농민군이 물러난 뒤에도 돌아가지 않고 경복궁을 점령하면서 조선의 내정에 간섭하려 했어요. 그러자 동학 농민군은 일본을 몰아내기 위해 또다시 모였습니다. 하지만 이번에는 일본군과 관군이 준비한 신식 무기 때문에 크게 패하고 말았어요. 지도자였던 전봉준도 붙잡혀 동료들과 함께 처형되었지요.

이렇게 동학 농민 운동은 실패로 돌아갑니다. 하지만 동학 농민군의 요구는 이후 진행된 근대적 개혁인 갑오개혁에 영향을 미쳤다는 점에서 큰 의의가 있어요.

2 🌸 세상에 눈을 뜬 백발백중 명포수

으음….

제가 돌아본 지역은 하나같이 상황이 좋지 않았습니다.

이런 상태라면 머잖아 국내에서 의병 활동은 씨가 마를지도 모르겠습니다.

탕 탕

아니, 이 소리는! 혹시 일본군이 이 마을까지…?

안심하게.
내 아들 녀석이야.

저번에 그 아드님 말입니까?
아직 나이가 어려 보이던데요.

총 쏘는 법을 정식으로
배우고 싶다고 고집을 부려서
할 수 없이 좀 가르쳐 줬더니
저렇게 푹 빠져 있네.

얼마 전 혼사도 치렀는데
아직도 친구들과
어울리며
놀기만 하는
철부지라네.

그랬군요.

제가 보기엔 눈빛이 예사롭지 않은 청년이었습니다. 좀 더 두고 보시면 앞으로 큰일을 할지도 모르지요.

그랬으면 좋겠네만.

그런데 제가 한번 아드님 실력을 직접 볼 수 있을까요?

그게 뭐 어렵겠나? 따라오게.

휴우….

엄청난 녀석을 잘못 건드렸군!

이러고 있을 때가 아냐! 자칫하면 우리도 위험하겠어!

살려줘!!!

모두 뒤로 물러나세요!

저런 녀석은 한 방에 끝나지 않아!

잘못하면 괜히 화만 돋울 뿐이라고!

알고 있어요. 저는 정확히 급소를 노릴 거예요!

그게 가능해?

자네 집에 머물던 청년 아냐?

네.

이 마을을 떠나나 본데?

들자 하니 동학 운동을 하던 사람이라지?

소문에는 혼자서 왜놈 몇 명을 상대할 정도라더군.

정말? 그게 사실인가?

저는 잘 모르는 일입니다.

에이, 나도 사냥은 그만두고 의병에나 들어갈까?

하하하, 자네 같은 겁쟁이가? 그건 뭐 아무나 하는 줄 알아?

응? 저 녀석 갑자기 왜 저러지?

제가 잘하는 일이라고는 총 쏘는 것밖에 없습니다.

너무 서두르지 말거라. 배우고 익히면서 때를 기다려도 늦지 않아.

만약 총이 나쁜 사람의 손에 들려 있다면 나쁜 일에 쓰일 것이고, 반대로 올바른 사람의 손에 들린다면 좋은 일에 쓰이겠지?

아마 조금 전 길을 떠난 그 청년은 외세가 총으로 우리 조선을 짓밟는 모습을 보았을 거야.

하지만 넌 그 총을 다르게 쓸 수 있겠지. 앞으로 네가 가진 능력으로 무엇을 할지 생각해 보렴.

내가 가진 능력으로 무엇을 할지…?

반드시 총이 아니어도 괜찮아. 강한 의지만 있다면 무엇이든 무기가 될 수 있으니까.

그래. 내가 무엇을 할 수 있는지 알려면 우선 세상에 나가 더 많은 걸 보고 배워야겠어!

물론 활달한 성격의 안중근은 그 후로도
친구들과 어울려 놀기를 좋아했습니다.

다음번엔 좀 더
멀리까지 사냥을
나가 보는 건
어때?

좋지!

그러나 안중근은 세상을 더 많이 알아야겠다고 결심한 뒤부터
*신학문에도 관심을 쏟기 시작했습니다.

* **신학문** 서양에서 들어온 새로운 학문을 이르던 말.

요즘 들어 형이 좀 달라지지 않았어?

응, 만날 책만 보고 놀아 주지도 않는다니까.

저 녀석이 방에 틀어박혀 책을 읽는다니 놀라운 일이구려.

그러게 제가 뭐랬어요.

이름을 무거울 중에 뿌리 근으로 지어 준 게 효과가 있었는지도 모르겠소.

당신도 참, 설마 이름 탓이겠어요?

이제 조금씩 자신의 길을 찾아 나가는 거겠죠.

세상엔 내가 모르는 게 너무나도 많구나. 배워야 할 게 산더미야.

안중근의 가족들

조마리아(1862~1927)

안중근의 어머니로, 황해도 해주에서 태어났습니다. 남편인 안태훈과의 사이에 3남 1녀(안중근, 안성녀, 안정근, 안공근)의 자녀를 두었고, 이들을 모두 독립운동가로 길러 냈습니다.

1905년 안태훈이 사망한 뒤 조마리아는 집안의 정신적 지주가 되었습니다. 그는 안중근의 독립운동을 지지하고, 직접 국채 보상 운동에 참여하기도 했지요.

안중근 가족이 살던 청계동 집 앞의 정자

조마리아는 안중근이 이토 히로부미를 처단하고 투옥되자 아들의 수의를 구입해 보내 주었습니다. 안중근 의사가 순국한 후 그는 연해주로 이주해 한인 사회를 이끌었어요. 1919년 상하이에서 대한민국 임시 정부가 수립되자 조마리아는 또다시 그곳으로 옮겨 가서 독립운동을 지원하는 일에 힘썼습니다. 그는 한인 사회에서 엄청난 존경을 받았습니다. 그래서 상하이에서 한인들 사이에 다툼이 일어나면 중재하는 역할을 맡기도 했지요. 1926년 조마리아는 '대한민국 임시 정부 경제 후원회'의 초대 임원으로 선출되었고, 이듬해인 1927년 세상을 떠났습니다.

안태훈(1862~1905)

안중근의 아버지입니다. 어린 시절 학문에 재능을 보이며 백암 박은식과 함께 "황해도의 두 신동"이라고 불리기도 했습니다. 이후 한양으로 가서 유학생으로 선발되었지만, 갑신정변이 일어나면서 고향으로 돌아와 청계동으로 이주했습니다. 1896년에는 천주교에 귀의하였고, 1897년에는 가족, 친척과 함께 세례를 받았습니다.

1904년 러일 전쟁이 일어나면서 대한 제국이 위기에 처하자 안태훈과 안중근 부자는 중국에서 독립운동을 하기로 결심합니다. 먼저 안중근이 상황을 살피기 위해 상하이로 이동했으며, 안태훈은 남은 가족과 함께 진남포로 이주해 안중근이 돌아오기를 기다리기로 했습니다. 하지만 안타깝게도 안태훈은 안중근이 돌아오기 전에 지병으로 세상을 떠나고 말았습니다.

안정근(1885~1949)과 안공근(1889~1940)

안정근은 안중근의 동생이자 안공근의 형입니다. 안중근을 도와 삼흥 학교를 세우고 교사로 활동하기도 했습니다. 이후 대한 독립 선언서의 대표로 참여하는 등 적극적으로 독립운동에 뛰어들었고, 북만주 지역에서 따로따로 활동하던 독립군을 통합해 청산리 전투의 기반을 마련하기도 했습니다. 1939년에는 병을 얻어 중국 각지를 오가며 지내다가 광복 이후에도 대한민국으로 귀국하지 못하고 1949년 중국에서 세상을 떠났습니다.

안중근의 아버지 안태훈과 그의 아들 안정근, 안공근

안공근은 안중근과 안정근의 동생입니다. 안중근의 하얼빈 의거 이후 대한민국 임시 정부에 참여하고, 상하이 한인 교민단 단장을 지냈습니다. 나중에는 한국 국민당을 조직해 독립군 양성에 힘썼습니다. 또한 이념 차이로 갈라져 있는 독립운동 단체를 통합하려고 노력했습니다.

여기서 잠깐 **안중근 가족과 백범 김구의 인연**

백범 김구

동학 농민 운동이 실패로 돌아간 뒤, 당시 동학 농민군을 이끌었던 김구 선생이 잠시 안태훈의 집으로 피신한 적이 있습니다. 그때 안중근 형제들과도 시간을 보내게 되었지요. 김구는 안중근을 '사냥을 잘하며 남자다웠다.'라는 인상으로 기억했습니다. 이때의 인연 때문인지, 나중에 임시 정부에서 독립운동을 이끈 김구는 안중근 의사의 가족들과 함께 활동하기도 했습니다.

3 🌸 교육 사업에 나서다

안중근이 성장하던 시기, 조선에는 서양에서 들어온 천주교가 널리 퍼지고 있었습니다.

어?
서… 서양인?!

얼마 전 내가 어려운 일을 당했을 때 도와주신 빌렘 신부님이다.

신부님?
그럼 이분이
말로만 듣던
천주교 선교사인가?

곧 천주교를 받아들여 신자가 된 안중근은 토마스 (도마)라는 세례명까지 받게 되었습니다.

봉주르!

천주교를 통해 프랑스어와 서양의 신학문까지 접할 수 있어 좋은걸?

토마스, 함께 선교 활동을 해 보지 않겠나?

제가 말입니까?

그런 와중에 청일 전쟁과 러일 전쟁에서 승리한 일본은 더욱 노골적으로 조선에 대한 침략 야욕을 드러내기 시작했습니다.

척

척척 척‥

하지만 우리가 뭘 할 수 있나?

지금은 한가롭게 사냥이나 다닐 때가 아닌 것 같아.

맞아. 일본 놈들과 맞서 싸울 수도 없고.

만약 싸워야만 할 상황이라면 당연히 맞서 싸워야지!

중근이 너 진심이구나?

응. 나라 없는 백성으로 살 수는 없잖아! 비록 계란으로 바위 치기가 되더라도 해 볼 거야!

그러나 얼마 뒤 청천벽력 같은 일이 벌어지게 됩니다. 일본이 을사오적을 앞세워 대한 제국의 외교권을 빼앗는 을사조약을 강제로 체결한 것입니다.

을사조약이 체결되었다는 소식을 들은 안중근은 끓어오르는 분노를 참을 수 없었습니다.

어떻게 이런 일이 있을 수 있습니까! 황제가 거부한 조약을 매국노 앞잡이들을 내세워 체결하다니요!

러일 전쟁이 일어날 때 일본은 아시아의 평화를 지키고 한국의 독립을 유지한다고 했습니다.

그런데 이게 무슨 말도 안 되는 일입니까!

콱!

이게 다 일본에서 온 이토 히로부미라는 자의 계략입니다. 당장 그자를 처단하겠습니다!

참아라!

지금은 참아야 한다!

하루아침에 나라를 빼앗겼는데 아버지께서는 참을 수 있으십니까!

우리의 힘이 부족해서 벌어진 일이야.

그러니까 힘을 모아야 한다! 힘을 모아서 준비된 싸움을 해야 한다!

…

끄으윽….

톡!

그래.
지금은 눈물을 흘릴 때가 아니야.
이 나라를 되찾으려면
눈물이 아니라 피를 흘려야 해.

그리고 이토 히로부미.
그 이름은 내 머리에 새겨 놓고
절대로 잊지 않겠다!

이미 나라 안이 온통 일본 세상이 됐습니다.
그러니 무슨 일을 벌이기는 쉽지 않을 겁니다.

으음….

혹시 형님께서는
좋은 생각이 있으신지요?

일단 활동하기 자유로운
중국으로 망명하는 거야!

우리 가족 모두요?

그래, 어차피 누군가
독립운동을 하게 되면
나머지 가족도 무사하지 못할 거다.
자칫하면 약점이나 짐이 될 수도 있고.
그러니 가족 모두가
망명하는 게 옳아.

어머님, 감사합니다.

상하이로 가 볼 거야.
그곳엔 이미 우리나라에서 망명한
사람들이 꽤 있다더군.

알겠다. 그럼 나는 남은 재산을
정리할 테니 중근이 네가 먼저 가서
이것저것 알아봐 두는 게 좋겠구나.

그럼 어디로
가나요?

그렇게 하겠습니다.

그해 겨울, 안중근은 차가운 겨울 바다를 건너
중국 상하이로 향했습니다.

안중근의 계획은 상하이에 한국인을 위한 학교를 세우는 것이었습니다.

하하하!
아주 훌륭한
젊은이로군!

그러니까 학교를
세우는 데 돈을 투자해
달라 그 말이지?

네, 그렇습니다.
선생께서도 뭔가 뜻이
있어서 망명하신 것
아니십니까!

아니, 아니. 사람 잘못 봤어.
난 그냥 내 재산을 지키려고
상하이로 왔을 뿐이야.
교육 사업 같은 데는
관심 없다네.

어… 어떻게
그런 말씀을!

잘 듣게, 젊은이.
우리 같은 평범한 사람들에게
나라는 아무 의미가 없네.
이미 한국은
일본 손에 넘어갔어.

그러니 자네도 돈이나 벌어서
편하게 살 궁리를 하게.

선생님이야말로
잘못 생각하신 겁니다!
나라를 잃은 백성이 어딜 간들
편하게 살겠습니까?

오늘 일은 반드시
후회하실 겁니다!

휙!

저런 건방진
녀석…!

내가 어리석었어.
한국인이라고 모두 똑같은
마음은 아니었구나.

안중근은 상하이에 망명한 재산가들을 찾아다니며 교육 사업에 투자해
달라고 설득했지만 돌아온 대답은 모두 거절뿐이었습니다.

좌절한 채 한국에 돌아온 안중근에게 또 하나의 충격적인 소식이 기다리고 있었습니다.
몸이 쇠약했던 아버지 안태훈이 지병을 앓다가 세상을 떠나고 만 것입니다.

흑‥흑‥

말도 안 돼…
아버지가…!

상하이에서 돌아온 안중근은 아버지의 장례를 치른 뒤 한동안 시름에 빠져 지냈습니다.

언제까지 이러고 있을 테냐?

저도 잘 모르겠습니다. 여러모로 제가 많이 부족했다는 생각뿐입니다.

상하이에서 무슨 일이 있었는지 모르겠다만 세상일이 마음대로 풀릴 거라고 생각했다면 네가 어리석었던 게지.

산과 들을 겁 없이 뛰어다니던 그 씩씩함은 어디로 갔느냐? 그리고 돌아가신 아버지를 생각해서라도 네가 이러면 되겠니?

어머니…!

다시 힘을 되찾은 안중근은 집안의 재산을 정리해 가족들을 이끌고 진남포로 이사했습니다.

집 크기가 무슨 대수겠니?

형님은 뭔가 계획이 있는 거죠?

맞아! 들으면 깜짝 놀랄걸?

산골 마을을 벗어났다고 좋아했더니 이렇게 작은 집에서 사는 거야?

안중근은 남은 재산을 털어 운영이 어려운 상태였던 돈의 학교를 지원하며 50여 명의 학생들을 가르쳤습니다.

자, 다음 시간은
*교련 수업이다!
모두 운동장으로 집합!

네?
그런 건 배워서
뭐에 씁니까?

공부는
책상 앞에서만 하는 게 아냐!
뭐든 배워 두면
쓸 데가 있단다!

자! 목소리는
힘차게!

얍!!

이얏!!

그게 전부가 아니었습니다. 안중근은 뜻을 같이하는 사람들과 함께
중학교 수준의 교육이 가능한 삼흥 학교를 세웠습니다.

* **교련** 일반 학생들에게 실시된 군사 관련 교육 훈련.

아직은 규모가 작지만,
드디어 우리 손으로
우리 아이들을 가르치는
학교를 세웠습니다!

그런데 영어도
가르친다고요?

그렇습니다.
생각이 나라 안에만
갇혀서는 아무것도
할 수 없습니다.
앞으로 큰일을 하려면
영어도 배워야 합니다.

하지만 안중근이 가장 중요하게 생각한 것은 역사 교육이었습니다.

수나라가 쳐들어왔을 때, 을지문덕 장군이 살수 대첩으로 수나라 군대를 물리쳤단다.

와! 그게 정말이에요?

고구려는 나중에 당나라의 침략도 여러 차례 막아 냈지.

아깝다. 을지문덕 장군이 지금 살아 계셨으면 일본군도 무찔렀을 텐데.

그러게.

자, 우리 조상이 어떤 분들인지 잘 알았겠지? 그렇다면 너희도 할 수 있을 거야!

천주교의 전파

조선에 전파된 천주교

천주교가 우리나라에 처음 전파된 것은 조선 후기입니다. 청나라에 갔던 사신단이 서양 학문인 '서학'을 연구하기 위해 들여왔지요. 그러다가 차츰 양반들 사이에서 천주교를 믿는 사람들이 나타났고, 1784년(정조 8년)에는 이승훈이 청나라에서 세례를 받고 돌아와 조선 최초의 공식 천주교 신자로 인정받기도 했습니다.

하지만 천주교가 조선에서 종교로 자리 잡기는 쉽지 않았습니다. 조선은 유교에 바탕을 둔 계급 사회였고, 조상에게 제사를 지내는 전통이 있었습니다. 그런데 모든 사람이 평등하다고 하면서 제사까지 거부하는 천주교의 교리는 조선의 체제를 뒤흔들 만한 위험한 사상이었지요. 천주교를 믿는 사람이 늘어나면서 조선에서는 천주교인을 체포하고 사형에 처하는 등 박해하는 사건이 일어났습니다.

천주교는 1886년(고종 23년) 조선과 프랑스가 외교 조약을 맺으면서 가까스로 포교의 자유를 얻게 되었습니다. 이때부터 용산 신학교와 수녀회가 설립되고, 성경책을 인쇄하는 활판소도 생겼습니다. 1898년에는 명동 성당이 지어졌고, 1900년에 이르러서는 전국에 프랑스 성직자 40명, 한국인 신부 12명, 41곳의 성당과 약 42,000명의 신자가 생겼습니다.

조선에서 최초로 세례를 받은 이승훈의 묘
ⓒ문화재청

안중근과 천주교

안중근은 아버지 안태훈의 영향을 받아 1897년 천주교에 입교했습니다. 그 뒤로 빌렘 신부 밑에서 교리 공부를 하고, 프랑스어를 배우면서 천주교를 전파했습니다.

1909년 안중근 의사의 하얼빈 의거 당시, 한국 교회의 최고 책임자였던 뮈텔 주교는 하얼빈 의거를 '살인 행위'로 보고, 안중근이 공식적으로 잘못을 인정하고 뉘우치지 않으면 천주교 신자로서 성사를 줄 수 없다고 말했습니다. 하지만 안중근과 가까운 사이였던 빌렘 신부는 이를 무시하고 뤼순 감옥에 가서 안중근에게 성사를 주었습니다.

뮈텔 주교는 이후로도 안중근 의사의 사촌인 안명근의 독립운동과 관련된 정보를 조선 총

독부에 밀고해 신민회 해산에 큰 역할을 하는 등, 43년간 한국에서 활동하며 일제의 만행과 침략에는 입을 다물고 오히려 그들을 도왔습니다.

빌렘 신부

프랑스에서 태어나 1883년에 신부가 되었습니다. 1889년 조선에 선교사로 파견된 그는 1896년 황해도 지역 교회를 맡은 뒤 안중근 가문과 인연을 맺게 되었습니다. 당시에는 황해도 지역 유지인 안태훈 일가를 중심으로 대대적인 개종 운동이 일어나고 있었습니다. 하지만 이를 우려한 지방 관리들이 천주교 단속령을 시행하면서 부당한 처분으로 피해를 입는 신자가 늘어났습니다. 빌렘 신부는 선교사

안중근의 집에서 식사하는 프랑스 신부들. 가장 오른쪽이 빌렘 신부임.

였으므로 중립적인 입장에서 교회와 관리 사이의 분쟁을 조정하려고 했지만, 제대로 수습되지 못하고 외교 문제로 번지게 되었습니다(해서교안 사건). 그는 이후로도 계속 청계동에서 안태훈 일가와 함께 천주교 전파 활동을 했습니다.

대부분의 프랑스 선교사는 한국의 독립운동에 큰 관심을 두지 않았습니다. 하지만 빌렘 신부는 안중근의 영향으로 한국의 독립운동에 관심을 가지게 되었고, 하얼빈 의거로 사형 선고를 받은 안중근에게 성사를 주었습니다. 안중근 일가와 관련된 사건을 계기로 뮈텔 주교와의 사이가 계속 나빠지다가 1914년에 프랑스로 돌아갔으며, 이후 고향 알자스에서 사망했습니다.

뮈텔 주교

뮈텔 주교는 프랑스 출신으로, 1877년에 신부가 되었습니다. 1880년부터 조선에 들어와 활동했고 1886년 조선과 프랑스가 조약을 체결할 당시 천주교가 조선에서 공식적으로 인정받을 수 있도록 노력했습니다. 1890년에 제8대 조선 교구장으로 임명되어 주교가 되었으며, 1911년에는 초대 경성(서울) 교구장, 1925년에는 대주교가 되었습니다. 그는 "일본에게서 벗어날 희망이 있다면 저항해야 하지만, 어쩔 수 없는 상황에서는 지혜롭게 굴복해야한다."라고 말하며 독립운동을 방해하고 친일 활동을 하기도 했습니다.

4 🌺 피로 새긴 대한독립

안중근이 학교를 세우던 무렵에는 대구에서 시작된 '국채 보상 운동'이 전국적으로 확대되고 있었습니다.

여러분! 일본의 압제에서 벗어나려면 제일 먼저 경제적으로 독립해야 합니다!

맞는 말이야! 빚을 갚고 왜놈들을 몰아내야 해!

안중근도 동지들과 함께 국채 보상 운동에 적극적으로 앞장섰습니다.

우리 민족은 예로부터 어려울 때 서로 돕는 전통이 있었습니다!

지금은 나라가 위기 상황입니다! 작은 금가락지, 금비녀 하나도 큰 힘이 될 수 있습니다!

여보,
우리 결혼할 때
주고받은 금붙이가
있지 않소.
그걸….

무슨 말을 하려는지
알아요.

알고 있었소?

나라의 빚을 갚아서
독립하자는 국채 보상 운동
말씀을 하려는 거죠?

당신이 말하지 않으면
나라도 나설 생각이었어요.

재물은 필요한 곳에
써야 하잖아요.
이만큼 중요하고 필요한 일이
또 어디 있겠어요.

정말 고맙소.
여보.

안중근은 국채 보상 운동에 참여하도록 학교의 교사와 학생들을 독려하기도 했습니다.

가진 돈을 전부 기부하는
바람에 학교 운영 자금이
바닥난 상태입니다.
이젠 어떡하죠?

그렇다면….

그래,
돈이 필요하면
돈을 벌면 되잖아!

엥? 뭘 해서
돈을 법니까?

그건 이제부터
생각해 봅시다!

허허…
그렇게 합시다.

안중근은 학교 운영과 독립운동에 필요한 자금을 모으기 위한 계획을 세웠습니다.

흠….

이윽고 안중근은 자금 마련을 위해 석탄 회사 '삼합회'를 세우고 광산 개발에 착수했습니다.

하지만 사업은 일본의 방해 때문에 실패로 끝났습니다. 이 사건을 계기로 안중근은 국내에서 벌이는 독립운동에는 한계가 있다는 것을 절실히 깨닫게 되었습니다.

이 나라의 주인은 이미 일본으로 바뀌었구나. 앞으로 독립을 위한 더 좋은 방법을 찾아야겠어.

그런데 얼마 뒤 안중근을 또 한 번 울분에 빠뜨리는 사건이 벌어집니다.

피로 새긴 대한독립 **75**

일본의 정치적 간섭이 심해지자 고종은 네덜란드 헤이그에서 열린 제2차 만국 평화 회의에 이준을 포함한 세 명의 밀사를 파견했습니다.

만국 평화 회의에 참석해 일본의 침략 행위를 세계만방에 널리 알려주시오.

맡겨 주십시오. 일본과 맺은 조약이 무효임을 전 세계 앞에 당당히 선언하고 돌아오겠습니다.

하지만 일본의 방해로 고종의 밀사는 회의장에 들어가지도 못하게 되었고, 상심이 컸던 이준 대표는 그곳에서 세상을 떠났습니다.

어떻게 이런 일이 있을 수 있나! 우리나라에서 보낸 대표가 회의장에 참석하지도 못하다니!

신문으로 보는 우리도 이렇게 분한데, 대표들은 얼마나 원통했겠나?

참, 그것도 들었나?

무슨 소식 말인가?

한국 통감이 된 이토 히로부미가 뒤에서 밀사를 방해했다더군. 우리나라가 회의장에 들어가지 못한 건 다 그자 때문일세.

이토 히로부미… 동양의 평화를 앞장서서 깨뜨리는 자! 두고 보자. 언젠가는 반드시 내 손으로 처단하겠다!

일제는 헤이그에 밀사를 보낸 것을 핑계 삼아 고종을 퇴위시키고,
얼마 뒤엔 대한 제국의 군대마저 강제로 해산시켜 버렸습니다.

군인들은 강제 해산을 거부하고 일본군과 맞서 싸웠지만 역부족이었습니다.

그러자 군인들은 서울을 떠나 의병에 가담했고, 이로써 전국에 의병 전쟁의 불꽃이 타오르게 되었습니다.

이때 안중근은 전투에서 패배하고 도주하는 의병들을 도와주는 일을 했습니다.

으윽…!

조금만
참으시오!

얼른 자리를 떠나는 게
좋겠네.

일본 헌병대가
우리를 의심하기 시작했네.
꼬리가 길면 잡힌다고 이러다가는
우리도 무사하지
못할 걸세.

우리 동포가 당하고
있는데 어떻게
모른 척하겠나?
함께 나가 싸우지
못하는 게
분할 뿐이지!

이제 놈들은 이 땅에서 모든 것을
빼앗을 거요. 그러니 젊은 자네들은
여기를 떠나 힘을 키우시오.

음….

내 자식인데
어찌 속을 모르겠느냐.
자, 무슨 얘기든
말해 보거라.

더는 이렇게
참고 살 수가 없습니다.
우리나라가 일본의 발톱에
갈기갈기 찢기고
있지 않습니까.

그래서?

다시 해외로
떠날까 합니다.
지난번엔 제가
아무것도 몰랐지만
이젠 무슨 일을 해야 할지
알고 있습니다.

이번에는 총을 들고
일본과 싸울 생각입니다!

그래,
무엇을 할
생각이냐?

하지만 아버지도 계시지
않은 상황에서 저까지 떠나면…
게다가 남은 가족들이 핍박받을
생각을 하면
마음이 무겁습니다.

고개를 들거라.
총을 들고 싸우겠다는 녀석이
그렇게 자신이 없어서야 되겠느냐.

네?

그리고 이 어미를
얕보지 마라.
난 누가 돌봐 줘야
할 정도로 약한 사람이
아니다.

어… 어머니!

가서 싸워라.
그리고 절대로 지지 마라!
난 그런 너를 자랑으로 여기며
이곳을 지키겠다!

감사합니다,
어머니!

얼마 뒤 스물여덟 살의 안중근은 고향을 떠나 간도를 거쳐 러시아의 블라디보스토크로 떠납니다.

"남아 대장부 뜻을 세워 고향을 떠나니
죽어서 어찌 뼈를 선영에 묻으리오
살아서 성공하지 못하면
죽어서도 돌아오지 못하리
사람이 가는 곳마다 다 청산이거늘"

블라디보스토크에 자리 잡은 안중근은 한인 청년회에 가입해 의병 투쟁을 함께할 동료를 모았습니다.

여기 오기 전에 간도에 있었다고 들었습니다. 그쪽은 어떻습니까?

그곳은 상황이 좋지 않더군요. 이미 일본 병사들이 주둔하고 있었습니다.

그렇지만 여기는 아직 일본의 간섭에서 비교적 자유롭습니다. 의병 전쟁을 치른 경험이 있는 분들도 많이 계시고요.

그렇다면?

네. 사람들을 모아 의병 부대를 만들어 볼까 합니다.

안중근은 러일 전쟁 때부터 의병을 이끌었던 이범윤을 찾아가 설득했습니다.

도와주십시오. 지금 저희에겐 경험 많은 지휘관이 필요합니다.

자네 말이 맞네. 하지만….

자금이나 무기를 마련할 길이 없는데 어찌 싸울 수 있겠나?

그건 걱정하지 마십시오.

안중근은 직접 사람들을 찾아다니며 군자금과 무기를 모았습니다.

일본은 지금 우리 한국을 침략해서 강제로 조약을 맺고 황제를 폐위했습니다. 평범한 백성들의 논밭도 모조리 빼앗고 있습니다.

여러분! 나라 없는 백성은 어디에서도 살아갈 수 없습니다.

우리도 지금부터 싸움을 준비한다면 얼마 지나지 않아 반드시 독립을 이룰 것입니다!

나는 의병에 참여해야겠어!

나도 마찬가지야. 나라를 되찾기 위해 힘써 봐야겠군!

왕아...

짝 짝

기쁜 소식입니다. 주변의 의병 부대들도 우리와 힘을 합치기로 약속했습니다.

대단하군. 자네가 정말 해낼 줄은 몰랐네.

작전을 설명하죠. 우리는 육로와 해로 두 개로 나뉘어 두만강 너머 일본 수비대를 공격할 겁니다.

우리가 먼저 일본을 공격한다고요?

그렇습니다! 우리의 목적은 두만강 상류 지역을 회복해 훗날 국내 진공 작전의 거점으로 삼는 것입니다!

얼마 뒤 안중근은 300여 명의 의병을 이끌고 두만강 상류 지역의 일본군 국경 수비대를 공격했습니다.

안중근이 이끈 의병은 기습 작전을 통해 초반에는 승기를 잡는 듯했지만, 아무래도 수백 명의 의병 부대로 수많은 일본군을 상대하기는 힘들었습니다.

설상가상으로 일본군 포로를 처분하는 문제를 두고 안중근과 다른 의병들 사이에 의견 대립까지 일어났습니다.

그런데 얼마 지나지 않아 일본군이 안중근의 의병 부대를 기습했습니다.

안중근이 이끌던 의병은 수십 명밖에 남지 않았습니다.

다른 사람들은 흩어져 떠나 버렸습니다.

장군님은 무슨 생각인 건지 도통 모르겠어.

살아서 돌아갈 수는 있는 걸까?

…

이게 다 내 잘못이야. 장군이면서도 사람들에게 믿음을 심어 주지 못했다.

앞으로의 독립운동은 어떻게 해 나가야 할까….

블라디보스토크로 돌아오는 길은 험난했습니다.

무슨 일이십니까?

짝짝..

짝짝..

?!

비록 전투에는 졌지만 우리는 처음으로 일본군과 맞서 싸울 수 있다는 자신감을 얻게 됐네.

맞아요. 만약 한 번 더 싸운다면 저도 기꺼이 따르겠습니다!

이건 내가 가진 전 재산입니다. 이거라도 보태고 싶어요.

저도 얼른 커서 같이 싸울래요!

여러분…!

역시 다시 한번 진공 작전을 펼치는 겁니까?

그럼 당장 사람들부터 모아야겠군요!

아뇨.

무모한 전투로 우리 동포들의 소중한 생명을 잃을 수는 없습니다.

최소한의 인원으로 적들에게 가장 효과적인 타격을 줄 방법을 생각해 봅시다!

네? 그러면…?

좋습니다.
그렇다면 제일 먼저
필요한 건!

아낌없이
자기 목숨을 바칠
각오가 되어 있는
사람이겠죠.

1909년 3월. 안중근은 독립운동에 헌신하기로 맹세한 11명의 동지들과 함께
'동의단지회'(일명 '단지동맹')를 결성합니다.

팟-!

그날 안중근과 11명의 동의단지회 회원들은 자신의 손가락을 잘라 그 피로 태극기 위에 '대한독립' 네 글자를 썼습니다.

그것은 조국의 독립을 위해 목숨 바쳐 싸울 것을 다짐하는 뜨거운 맹세였습니다.

대한 제국의 국권을 강탈한 일제

러일 전쟁

1904년부터 1905년까지 러시아와 일본 사이에서 일어난 전쟁입니다. 태평양으로 뻗어 나갈 얼지 않는 항구(부동항)를 원했던 러시아와, 대한 제국을 확실하게 자신의 것으로 만들려 했던 일본은 전쟁 이전부터 갈등을 빚고 있었어요. 결국 일본의 선제공격으로 전쟁이 시작되었고, 양국은 치열하게 전투를 벌였습니다. 당시 영국과 미국은 세

러일 전쟁을 마무리하기 위해 맺은 포츠머스 강화 조약

력을 확장하는 러시아를 견제하기 위해 일본을 지원했어요.

전쟁은 약 1년 반 동안 진행되었습니다. 러시아와 일본의 전쟁이지만 한반도 역시 전쟁에 휘말리며 피해를 입었습니다. 일본은 한반도에 경의선과 경부선 철도를 건설하며 대한 제국을 일본의 전초 기지로 활용했습니다.

러일 전쟁은 일본의 승리로 끝났습니다. 1905년 미국 포츠머스에서 강화 조약이 체결되었고, 일본은 러시아로부터 한반도와 랴오둥 반도, 사할린 남부 지방의 지배권을 인정받으면서 유리한 지위를 얻었습니다.

겉으로는 한반도와 만주의 지배권을 놓고 러시아와 일본이 싸운 것이지만, 그 뒤에는 이익 다툼을 벌이던 영국, 미국, 프랑스 등이 복잡하게 얽혀 있었습니다. 전쟁에서 패배한 러시아에서는 내부적으로 불만이 쌓인 국민들에 의해 러시아 혁명이 시작되었고, 일본은 한반도의 지배권을 확립하고 만주에 진출하여 세력을 확장했습니다.

이토 히로부미 (1841~1909)

일본의 정치인입니다. 그의 아버지는 하급 무사 신분으로, 높지 않은 계급이었습니다. 하지만 이토 히로부미는 자신의 뛰어난 역량과 급하게 변하는 국제 정세가 맞물리며 높은 위치로 올라갈 수 있었습니다.

그는 정치 활동 초기 외국 세력의 침략을 반대하는 활동을 하다가 영국 유학을 다녀오면

서 나라의 문을 열고 서양 문물을 받아들이자고 주장하기 시작했습니다. 이후 서양 강대국을 따라 산업을 발전시켜 일본의 근대화를 추진하는 '식산흥업 운동'에 이바지했습니다.

1885년에는 초대 내각 총리 대신이 되어 관리로서는 최고의 지위에 올랐지만, 독단적으로 나랏일을 처리하면서 적을 많이 만들었습니다. 이후 한국 통감부의 첫 통감이 되어 대한 제국의 주권을 빼앗는 데 중요한 역할을 했습니다. 러시아와 회담을 진행하기 위해 하얼빈에 방문하던 중 안중근 의사에게 저격당해 사망했습니다.

이토 히로부미

을사조약

1905년 일본이 대한 제국을 보호해 준다는 구실을 내세우면서 한국의 외교권을 박탈하기 위해 강제로 맺은 조약입니다. 제2차 한일 협약, 또는 을사늑약이라고도 부릅니다. 을사조약을 체결한 이듬해인 1906년, 한국 통감부가 설치됨으로써 대한 제국은 사실상 일본의 식민지가 되었습니다.

우리 국민은 이런 상황에 여러 가지 형태로 저항했습니다. 언론인 장지연은 《황성신문》에 논설 〈시일야방성대곡〉을 발표해 일본의 침략을 규탄하고, 조약 체결에 찬성한 대신들(을사오적)을 비판했습니다. 유생과 관리들은 상소를 올려 을사오적을 비판하며 황제의 허락도 받지 않고 체결한 조약은 효력이 없음을 주장했습니다. 고종도 미국에 있는 황실 고문을 통해 세계 각국에 조약이 무효라는 것을 알렸습니다. 하지만 그 뜻이 제대로 알려지지 않자 전국 각지에서 을사조약에 반대하는 의병이 일어났습니다. 몇몇 뜻있는 사람들은 스스로 목숨을 끊으며 나라를 지키려는 마음을 국민에게 알리기도 했어요.

여기서 잠깐

을사오적

대한 제국에 충성을 바쳐야 할 내각 대신이었지만 1905년 을사조약 체결에 찬성하면서 대한 제국의 외교권을 일본에 바친 다섯 명의 친일파를 가리킵니다. 그들의 이름은 학부 대신 이완용, 군부 대신 이근택, 내부 대신 이지용, 외부 대신 박제순, 농상공부 대신 권중현입니다.

친일파를 상징하는 인물인 이완용 ▶

5 🌸 하얼빈에 울려 퍼진 총성

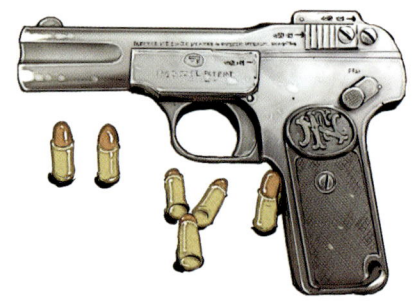

연해주의 연추 지역에 자리 잡은 안중근은 동의단지회를 이끌며 여러 가지 활동을 벌였습니다.

지금 우리 힘으로 의병 전쟁을 일으키는 건 무리지만 작은 규모로 적들에게 타격을 가할 방법은 얼마든지 있습니다.

들자 하니 한인 사회에 침투해 정보를 수집하는 *밀정들이 많다더군요.

그렇습니다.

* **밀정** 남몰래 사정을 살핌. 또는 그런 사람.

응?

타다닥‥

스윽

헉!

왜 이러는 겁니까?
내가 무슨 잘못을
했다고 그러십니까?

그건 자신이
가장 잘
알 텐데.

난 한국에서 온 상인입니다. 평범한 장사꾼이란 말입니다!

픽!

쓱!

윽!

콱!

평범한 장사꾼이 가지고 다닐 만한 물건은 아니군.

일본의 앞잡이 노릇을 하는 배신자에겐 어떠한 자비도 베풀 수 없다.

…!

이러한 활동 외에도, 안중근은 한인 사회에 침투한 친일 세력을 찾아내 뿌리 뽑는 등 다양한 활동을 했습니다.

그러던 어느 날 안중근은 동지들에게 블라디보스토크로 가겠다고 말했습니다.

아니, 갑자기 블라디보스토크는 왜 가십니까?

그냥 머리도 식힐 겸 여기저기 둘러보고 싶습니다.

설마 한가하게 여행이나 즐기는 건 아닐 테고, 뭔가 계획이 있는 거지요?

하하! 저는 여행 좀 다니면 안 됩니까?

꼭 돌아오실 거죠?

이곳을 잘 부탁합니다.

조국의 독립을 위해
목숨을 바치기로 결심한 우리가 아닙니까?
그런데 어찌 미래를
약속할 수 있겠습니까.

정말 모르겠군.
가볍게 움직일 사람은
아닌데 말이야.

분명 뭔가
이유가 있을 거야.

그런데 안중근이 연추에서 블라디보스토크로 가는 와중에 놀라운 소식 하나가 전해집니다.

블라디보스토크

다시 돌아왔군.

이것이 바로 운명이란 것인가?!

이토 히로부미….

하늘이 준 심판의 기회를 내 어찌 마다하겠는가?

내 조국의 주권을 도둑질한 침략자! 우리 민족의 원수!

내 손으로 직접
네놈의 심장에 총탄을 꽂아
우리 민족의 기상이 살아 있음을
세계만방에 알리고야 말겠다!

자네도 '그 일' 때문에
온 거지? 맞지?

제대로 봤어.
'그 일' 때문에
왔지.

그럼 그렇지.
자네가 제일 먼저
나설 줄 알았네.

그러니까 혹시
좋은 아가씨가 있으면
소개해 주겠나?

어차피 이제 고향에 돌아가기는 틀렸어.
여기서 좋은 인연을 만나
새장가라도 들어 볼까 싶네.

뭐… 뭐라고?

'그 일'이 아니었어? 못 본 사이에 사람이 변했군.

하..하..

하지만 그건 계획을 숨기기 위한 위장이었습니다.

이미 이 지역엔 밀정이 쫙 깔렸을 테니 누구에게도 함부로 속마음을 드러내서는 안 돼.

암살 계획에 착수한 안중근이 제일 먼저 만난 사람은 한인 신문 《대동공보》의 기자 이강이었습니다.

안창호 동지와 신민회 활동을 하셨다고 들었습니다.

나도 자네 얘기를 들었네. 전에 교육 사업을 했다지?

그래, 날 찾아온 이유가 뭔가?

며칠 뒤 하얼빈에 올 '그자'를 처단할 계획입니다.

그런 얘길 함부로 하고 다니면 안 될 텐데?

물론 아무에게나 말하지는 않습니다.

총이라면 누구보다 자신 있습니다. 어려서부터 사냥을 좋아해 사격술을 익혀 두었지요.

그자를 사냥하라는 하늘의 계시였나 보군.

알겠네. 그리고 사람이 좀 더 필요하지 않을까?

이런 일은 숫자가 적을수록 좋습니다. 만약을 위한 동료 한 명과 러시아어가 가능한 사람 한 명이면 충분할 것 같습니다.

믿음이 가는 인물이군. 계획도 철두철미하고.

이제 다시는 돌아올 수 없는 길을 선택한 셈이군. 안타까워. 이런 세상이 아니었다면 나라의 재목이 될 훌륭한 청년인데 말이야.

이보게, 덕순이!

대… 대장님!

앗! 혀… 형님!

반갑네.

안 그래도 형님이 이곳에 왔다는 소식을 들었습니다!

혹시 '그 일'을 계획하신다면 저도 도울 수 있게 해 주십시오!

목숨을 거는 일이야. 괜찮겠나?

감사합니다.
한데 이건?

여비를 약간 준비했네.

이 돈은 받을 수
없습니다. 더 이상
신세를 지는 건 너무
죄송스럽습니다.

슥!

받아 두게. 여기에는
한인 동포들이 조금씩
모은 돈도 있어.

자네는 어둠 속에서
길을 잃은 우리 민족의
등불이 될 사람이야.
그런데 행색이
초라해서야 쓰겠나?

…

안중근은 하얼빈의 한인 동포 김성백의 집에 머무르며 작전을 모의했습니다.

그자는 10월 18일 다롄 항구에 도착할 걸세.

그럼 거기서부터는 철도를 이용하겠군요.

그렇지.

내가 입수한 정보에 따르면 21일 뤼순을 거쳐 25일에 창춘에 도착한다는군.

그리고 다음 날인 26일 하얼빈역에 도착하면 환영식이 벌어질 예정이지.

자네는 하얼빈역으로 오는 길목에 있는 차이자거우역에서 이토 히로부미를 노리게. 나는 하얼빈역에 대기하겠네.

알겠습니다.

자, 그럼 잠깐 나갈까?

네? 어딜?

형님, 갑자기 머리는 왜…?

깔끔해서 나쁠 건 없잖나. 안 그런가?

안중근은 마지막으로 사진관에 들러 기념사진을 찍었습니다.

자, 웃으라고!

하하….

찰칵

길을 인도하는
?

나의 아내, 아이들,
동생들….

그리고 어머니!

10월 26일. 운명의 날이 밝았습니다. 새벽 일찍 기상한 안중근은 새 옷을 단정히 차려입고 길을 나섰습니다.

그 무렵 차이자거우역에 있던 우덕순은 러시아 병사들이 역 근처 여인숙의 문을 모두 잠가 버려 꼼짝도 못 하게 되었습니다.

젠장! 문 열어!
문 열란 말이야!

이건 말도 안 돼.
얼마나 기다렸던 일인데!

하얼빈역

9시 정각

치이익..

척..척..

러시아 의장대의 음악 소리가 커졌고, 9시 15분 이토 히로부미가 기차에서 내렸습니다.

와아 ♫

빠밤 ♫

와아아 ♪

빠라밤 ♫

빠..

그날 하얼빈역에는 우리 민족을 대표한 안중근의 피맺힌 함성이 하늘 높이 울려 퍼졌습니다.

대한 제국 말기에 진행된 다양한 독립운동

애국 계몽 운동은 외세에 맞서기 위해 우리나라의 실력을 길러야 한다고 생각했던 사람들이 전개한 실력 양성 운동입니다. 반면 의병 운동은 죽음을 무릅쓰고 투쟁해서 우리나라의 독립을 얻어 내야 한다고 생각한 사람들의 무장 투쟁이지요. 두 운동은 저항하는 방법에서 차이가 있었지만 독립이라는 목표는 똑같았습니다.

그래서 애국 계몽 운동을 통해 의병 운동을 지원하는 단체가 생겨나기도 했고, 근대적인 교육을 받은 지식인들이 의병이 되기도 했으며, 애국 계몽 운동을 펼치던 신민회가 국외에 독립군 기지를 세우자 국내에서 활동하던 의병들이 독립군으로 합류하여 무장 독립 투쟁을 전개하기도 했습니다.

애국 계몽 운동

대한 제국 말기, 실력을 키워 국권을 빼앗아 간 일본에 저항하기 위해 대한 제국 말기에 전개된 국권 회복 운동입니다. 이 운동은 사회 여러 분야에서 활발하게 전개되었습니다.

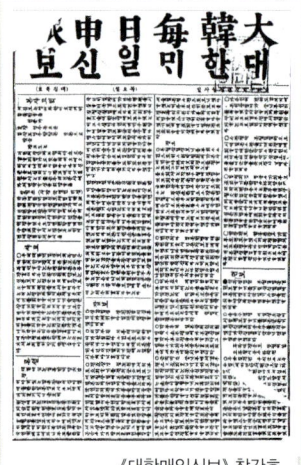

《대한매일신보》 창간호

신교육 구국 운동 전국 주요 도시에 학교를 설립해 청년들에게 근대적인 교육을 시키고, 교사를 키워 냈습니다.

언론 계몽 운동 《대한매일신보》와 《황성신문》 등을 비롯한 여러 신문과 잡지를 중심으로 사람들을 계몽하고, 국권 의식을 갖게 하는 데 크게 이바지했습니다.

실업 구국 운동(민족 산업 진흥 운동) 다양한 회사를 설립해 민족 산업 자본을 일으켰습니다.

국채 보상 운동 일제가 대한 제국을 경제적으로 옭아매기 위해 빌려준 돈을 국민들이 갚자고 주장했던 운동입니다. 여러 언론이 적극적으로 지원했고, 전 국민이 참여했습니다. 전국 각지에 수많은 국채 보상 관련 단체가 만들어졌습니다. 사람들은 담배를 끊거나 비녀와 가락지, 긴 머리를 잘라 팔아서 돈을 마련했습니다.

국학 운동 국사, 국어, 국문, 지리 등 우리나라의 근대적인 학문 체계를 세우고, 민족의식을 일깨우려 했던 운동입니다.

국외 독립군 기지 창건 운동 무장 투쟁을 진행하기 위한 운동으로, 신민회가 추진했습니다.

의병 활동

의병은 외세의 침략에 저항해 백성이 자발적으로 일으키는 군대를 말합니다. 이때 일어난 의병으로는 을미의병, 을사의병, 정미의병 등이 있습니다.

을미의병은 1895년(고종 32년) 명성 황후가 일본에 의해 시해당한 사건인 을미사변과, 을미개혁 당시 진행된 단발령 때문에 분노한 사람들이 친일파 관리와 일본 세력을 몰아내기 위해 일으켰습니다. 이때 들고일어난 의병은 일본의 침략과 개화에 반대하는 '항일 의병'의 성격이 강했습니다.

을사조약 당시 의병을 일으킨 최익현

을사의병은 1905년 러일 전쟁이 끝나면서 을사조약을 체결하는 등 일제가 침략 정책을 강제로 시행하는 과정에 반발해 일어났습니다. 양반 출신의 의병이 많았지만, 농민 운동 조직이 의병으로 바뀌는 등 의병에 참여하는 신분이 확대되었습니다.

정미의병은 1907년 고종이 퇴위하고 정미7조약 체결, 군대 해산 등의 사건이 잇달아 벌어지자 전국 각지에서 일어난 의병입니다. 이때 해산된 군인이 의병에 참여하면서 의병들도 제대로 된 무기를 갖추게 되었고, 의병의 신분 역시 더욱 다양해졌습니다.

1909년부터는 국내에서 의병 활동이 어려워지면서 많은 의병이 국경을 넘어 만주와 연해주로 건너갔습니다. 이들은 독립군으로 활동하며 항일 무장 투쟁을 이어 갔습니다.

여기서 잠깐

정미7조약

1907년 일본이 강제로 체결한 불평등 조약으로 한일 신협약이라고도 부릅니다. 이 조약을 맺으며 대한 제국은 나라의 법령을 제정하거나 행정 업무를 진행할 때 일본의 승인을 받게 되었습니다. 이를 통해 일본은 입법, 사법 및 고등 관리를 임명하거나 해임하는 권한 등을 모두 가져가며 대한 제국을 실질적으로 장악하게 되었습니다.

6 🌸 우리 안에 흐르는 의로운 피

1909년 10월 26일. 하얼빈역에서 안중근은 장전된 일곱 발의 총탄 중 여섯 발을 발사했습니다. 그중 세 발은 정확히 이토 히로부미를 향했습니다.

정신 차리십시오, 이토 공작님!

으...

나머지 세 발은 뒤따르던 일본 고위 관리들을 향한 것이었습니다. 맨 앞 사람이 이토 히로부미가 아닐지도 모른다는 판단 때문이었습니다.

침략자! 피로써 속죄하라!

이토 히로부미는 서둘러 기차 안으로 들어갔지만, 그 자리에서 사망했습니다.

안중근은 달려온 러시아 병사들에게 현장에서 체포되었습니다.

확실하게
제압해!

꼼짝 마라!

크윽!

그런데 어째서
반항하지 않고 순순히
잡히는 거지?

그러게?
혼란을 틈타서
도망갈 시간은
충분했는데….

이토 히로부미를 죽인 사람이 누군지 밝혀졌습니다! 안중근이라는 사람이라고 합니다!

그래?

자네가 정말로 해냈군.

안중근 동지가 갑자기 블라디보스토크로 간 이유가 있었어!

이제 우리는 뭘 해야 하지?

당연히 동지의 길을 따라 투쟁에 나서야지!

그 밖에도 국내외에 있는 많은 독립운동가들이 하얼빈 의거 소식을 반겼습니다. 특히 '님의 침묵'으로 유명한 민족 시인 한용운은 옥중에서 '안해주'라는 시를 지어 안중근을 칭송했습니다.

만 석의 끓는 피여! 열 말의 담력이여!
벼르고 벼른 칼 서릿발이 시퍼렇다
별안간 벼락치듯 밤의 적막이 깨지니
무쇠 꽃이 어지러이 날리고
가을 빛이 드높다!

해외 언론에서도 하얼빈 의거를 앞다투어 보도했습니다. 그제야 서양인들도 일본의 침략 야욕과 한국의 상황을 알게 됐습니다.

특히 아시아에서 일본에 주도권을 빼앗긴 청나라는 안중근의 의거 소식을 듣고 깜짝 놀랐습니다.

한국인은 기개가 있어!

외세에 이것저것 내주고 있는 우리 중국도 각성해야 해.

안중근은 하얼빈에 있는 일본 영사관에 넘겨져 조사를 받았습니다.

누구와 모의했나?

나 혼자서 준비했소.

어째서 이토 공작을 노린 거지?

그자는 우리 한국의 주권을 도둑질한 강도요. 어느 누가 자기 것을 빼앗기고 가만히 있는단 말이오?

며칠 뒤에는 더욱 강한 심문을 받았습니다.

뻔뻔한 녀석. 넌 우리 일본 제국의 정치인을 암살한 죄인이야!

죄인은 내가 아니라 이토 히로부미 그자요!

그 이유를 말해 줄 테니 잘 들으시오! 첫째, 우리 황후를 시해한 죄! 둘째, 우리 황제를 멋대로 폐위한 죄! 셋째, 불평등한 강제 조약을 맺도록 협박한 죄! 넷째, 우리 백성을 학살한 죄! 그리고 다섯째!

그만! 그만!

탕 탕

그자의 죄를 전부 다 열거하자면 아직도 한참 더 남았소!

그 자리에서 안중근은 이토 히로부미의 15가지 죄를 말했습니다.

한인 사회와 전 세계의 인권 단체들은 앞장서서 안중근 *구명 활동을 펼쳤습니다.

하지만 일본 재판부는 모든 활동을 차단하고 변호사도 마음대로 선임할 수 없도록 방해했습니다.

* **구명** 사람의 목숨을 구함.

첫 번째 재판이 열리기까지 약 2개월 동안 안중근은 무려 열두 번의 심문을 받았습니다.

젠장, 우리가 지치는군.

저자는 어떻게 저렇게 버티는 거지? 이쯤 되면 우리가 심문받는 기분이야.

그렇지만 안중근이 갇힌 뤼순 감옥의 책임자들은 점차 안중근을 인정하게 되었습니다.

힘드실 텐데 좀 드시지요.

고맙소.

그냥 개인적인 오해로 저지른 일이라고 말하면 사형은 면할 수도 있습니다.

재판의 결과 따위는 관심 없소.

이토 히로부미를 죽인 건 잘못이지만, 정말 훌륭한 분이다. 꼭 사형에 처해야 하는 걸까?

난 대한 제국 의군의 참모 중장으로서 적군의 대장을 저격한 겁니다. 절대 내 행동을 후회하지 않소.

일본 정부는 안중근을 반드시 사형에 처하기 위해 심문의 강도를 높였습니다.

이런 악질 범죄자 같으니!

똑바로 이야기하지 않으면 네놈 목숨은 절대 무사하지 못할 것이다! 아마도 죽음이 코앞에 닥치면 벌벌 떨면서 살려 달라고 애원하게 될걸?

일본이 아무리 강하다 해도, 내 목숨 하나 빼앗을 권력밖에는 없소. 어차피 한 번 태어나 한 번 죽으면 그만인데, 난 전혀 두렵지 않소!

일본인들의 태도가 점차 독해지는 걸 보니, 반드시 나를 죽이라는 명령이 내려온 모양이구나. 하지만 마지막까지 나는 절대 굽히지 않을 것이다.

ㅇㅇㅇ....

이윽고 하얼빈 의거가 벌어진 지 4개월 만인 1910년 2월 7일에 첫 재판이 시작됐습니다.

웅성
웅성
웅성

재판정은 판사, 검사, 변호사는 물론이고 참관인까지 모두 일본인들로만 가득 채워진 상태였습니다.

큭큭….

살려 달라고 목숨을 구걸하는 꼴을 보게 되겠군.

뭐라고 말하는지 한번 볼까?

….

어라? 조금도 겁먹은 표정이 아닌데?

맞아. 하나도 죄수 같지 않아.

쳇, 겉으로만 저러는 거야. 속으로는 덜덜 떨고 있을걸?

일제는 재판을 통해 자신들의 한국 침략을 정당화하고 안중근을 하찮은 인물로 깎아내리는 데 몰두했습니다.

피고는 흉악한 범죄자입니다! 일본 제국의 위인을 잔인하게 암살한 살인자일 뿐입니다!

듣자 하니 피고는 우리 일본 제국을 침략자라고 주장한다지? 한국에 철도를 깔아 주고 건물을 세우고 기술을 전해 준 은혜도 모르고 말이야.

보십시오, 판사님. 저자는 끝까지 반성하지 않는 흉악한 인간입니다!

자비를 구할 가치도 없는 인물이군요. 변호를 포기하겠습니다.

일본 재판부는 계획대로 사형을 선고했고, 안중근은 이를 의연하게 받아들이며 고등 법원에 항소를 신청하려 했습니다.

대일본 제국의 은혜도 모르는 흉포한 한국인 안중근에게 사형을 선고한다!

딱 딱 땅

예상했던 일이오. 하지만 이 재판을 지켜보는 많은 사람들은 당신들의 침략 행위가 얼마나 잘못된 일인지 깨닫게 되겠지.

살려 달라고
빌기는커녕
전혀 겁먹지 않았어.

그래서 나는
법정 투쟁을
통해 끝까지
이 사실을
알려 나갈 거요!

저런 뻔뻔하기
짝이 없는 녀석!
당장 사형에
처해야 해!

그런데 며칠 뒤 고향에서 찾아온 두 동생이 안중근에게 소식을 전했습니다.

형님, 어디 불편한 곳은 없으십니까?
항소한다는 소식은 들었습니다.

그런데 어머니가…
어머니가… 항소를 포기하래요.
형님께 그 말을
전해 달라고 했어요.

항소를 포기한 안중근은 사형 집행일을 기다리며 《안응칠역사》와 《동양평화론》을 집필하기 시작했습니다.

무슨 책을 쓰시는 겁니까?

내 인생을 정리한 자서전과 동양의 평화를 위한 내 생각이오.

동양의 평화라고요?

그대 같은 젊은이들이 잘못된 생각을 가진 자들 때문에 전쟁에 동원된다는 건 슬픈 일 아니겠소?

내 눈으로는 보지 못하겠지만 언젠가 동양의 젊은이들이 평화를 위해 하나가 되는 날이 올 거라 믿습니다.

당시 뤼순 감옥에서 간수로 근무했던 일본인 지바 도시치는 안중근이 옥중에서 써 준 글귀를 평생 동안 보관했고, 이후 그 후손에 의해 우리나라로 반환되어 현재는 '안중근 의사 기념관'에 소장되어 있습니다.

붓글씨를 잘 쓰신다고 들었습니다. 글귀 하나만 써 주신다면 소중히 간직하겠습니다.

그럽시다.

그 밖에도 안중근을 가까이서 지켜본 수많은 일본인 관리, 간수, 통역관 등이 그가 써 준 글귀를 보물처럼 아꼈다고 합니다.

안중근은 절대 흉악한 범죄자가 아냐. 존경받아 마땅한 인물이야.

동감입니다. 그의 글과 행동을 보면 알 수 있죠.

안중근은 마지막 면회를 온 두 동생과 빌렘 신부를 통해 여섯 통의 편지를 남겼습니다.

제 투쟁은 씨앗이 되어 대한 만세의 외침 소리가 열 배 백 배로 커져 갈 겁니다.

안중근 의사의 사형 집행일인 1910년 3월 26일에는 오전부터 하루 종일 눈물 같은 봄비가 내렸다고 합니다.

봄을 재촉하는 비군.

차가운 겨울 농안 얼어붙은 땅이 녹고 만물이 소생하듯 내 조국 내 나라에도 봄이 찾아오겠지.

두 동생이 감옥 밖에서 종일토록 기다렸지만 일본 당국은 끝내 안중근의 시신을 가족들에게 돌려주지 않았습니다. 추모 행사가 벌어지는 게 두려웠기 때문입니다.

시신을 돌려줄 수는 없으니 돌아가시오! 교도소 내 공동묘지에 매장할 거요!

뭐… 뭐라고?

전 세계 지식인과 문학가들은 위대한 독립운동가의 죽음을 안타까워하는 글을 남겼고, 언론에도 수많은 추도의 글이 실렸습니다.

안중근의 어머니와 가족들은 일제의 탄압을 피해 상하이로 이주했고, 김구와 안창호 등 여러 독립운동가들이 가족들의 정착과 생계를 지원했습니다.

이후 안중근의 어머니 조마리아 여사와 안중근의 동생들은 독립운동에 투신했습니다.

안중근은 일제 강점기 독립운동에 커다란 이 정표를 세운 것은 물론이고 세계 평화 운동 에도 큰 발자취를 남긴 인물입니다.

그러나 사형 집행 이후 뤼순 감옥의 뒤뜰에 묻혔다고 전해지는 그의 시신은 무덤의 위치가 밝혀지지 않은 탓에 백 년이 훌쩍 지난 지금도 조국 땅에 돌아오지 못하고 있습니다.

비록 안중근 의사의 육신은 우리 품에 돌아오지 못했지만, 불의에 맞서 싸웠던 그의 신념과 의지는 우리 후손들의 혈관에 살아남아 언제까지나 미래로 전해질 것입니다.

동포에게 고함

내가 한국 독립을 회복하고
동양 평화를 유지하기 위하여
3년 동안 해외에서 풍찬노숙하다가
마침내 그 목적을 달성하지 못하고
이곳에서 죽노니
우리들 2천만 형제자매는 각각 스스로 분발하여
학문에 힘쓰고, 실업을 진흥하며,
나의 끼친 뜻을 이어
자유 독립을 회복하면 죽는 자로서
여한이 없겠노라.

안중근 의사가 남긴 두 권의 책

《안응칠역사》

하얼빈 의거 이후, 안중근이 뤼순 감옥에 수감됐을 때부터 1910년 3월 15일까지 쓴 옥중 수기입니다. 원본은 전해지지 않고 일본어와 한문 번역본 등이 차례로 일본에서 공개되었습니다. 1970년과 1979년 안중근 의사 숭모회에서 《안중근 의사 자서전》이라는 제목으로 우리말로 번역·간행되었습니다. 안중근 의사가 직접 쓴 자서전이라는 점에서 자료적 가치가 두드러집니다.

뤼순 감옥에서의 안중근 의사

이 책에는 안중근 가문의 일화부터 안중근의 성장 과정, 천주교 입교, 지방관의 학정과 부패에 대한 저항, 교육 운동, 의병 전쟁 참여, 이토 히로부미 저격, 검찰과 재판관의 심문과 재판 과정, 사형을 앞둔 시기까지 안중근 의사의 일생이 기록되어 있습니다. 이 책을 통해 독립운동을 펼치는 안중근의 사상이 어떻게 발전했는지 엿볼 수 있습니다.

《동양평화론》

《안응칠역사》와 마찬가지로 안중근이 감옥에 수감된 후 집필했고, '동양의 평화'를 위해 어떤 노력을 해야 하는지 자신의 생각을 담은 책입니다.

원래는 다섯 개의 장으로 구성해 1개월 동안 완성할 예정이었습니다. 하지만 일본 재판부가 사형 집행 연기를 받아들이지 않으면서 앞의 두 장을 쓴 직후인 1910년 3월 26일에 사형이 집행되었기 때문에 안타깝게도 완성되지 못했습니다.

그래도 남아 있는 미완성 원고를 통해 안중근 의사가 생각한 '동양의 평화'가 무엇이었는지 어느 정도 추측해 볼 수 있습니다. 안중근은 《동양평화론》에서 다음

《동양평화론》ⓒ안중근 의사 기념관

과 같이 이야기합니다.

> 서로 도우면 성공하고 각각 흩어지면 진다는 것은 세상의 당연한 이치이다. 약육강식과 적자생존 논리로 강대국인 서구 열강이 동양의 약소국을 제물로 삼는 것을 당연시하는 것과 일본이 전쟁을 통해 같은 인종의 나라인 청나라나 한국을 비롯한 동양의 나라들을 장악하려는 침략 정책을 비판·경고한다.
> 일본은 야욕을 버리고 동양의 평화를 만들어 나가자. 동양의 중심지 뤼순을 영세 중립 지대로 정하고 위원회를 만들어 분쟁을 방지하자. 한·중·일 3개국이 서로 자본을 내어 공동 은행을 설립하고 공동 화폐를 발행해 어려운 나라를 서로 돕자. 동북아 공동 안보 체제를 구축하고 국제 평화군을 창설함과 동시에, 로마 교황청도 이곳에 대표를 파견하여 국제적으로 영향력을 갖게 하자.

안중근 의사는 한국·중국·일본 세 나라가 위원회를 만들고 은행을 설립하자고 주장하는 등 구체적인 방법까지 생각했습니다. 이를 통해 그가 얼마나 동양의 평화를 원했는지 알 수 있지요.
지금으로부터 백여 년 전에 인류의 보편적 가치와 행복을 추구하던 안중근 의사의 사상은 유럽에 만들어진 공동체인 유럽 연합(EU), 환태평양 국가 공동체인 아시아 태평양 경제 협력체(APEC) 등 세계 여러 나라가 논의하고 있는 공동체와도 비슷해 현대의 우리에게 많은 가르침을 주고 있습니다.

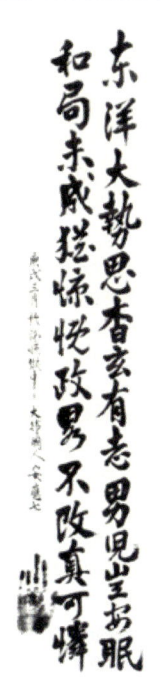

안중근 의사의 유묵
ⓒ안중근 의사 기념관

안중근 의사 기념관

나라의 운명이 위험에 처한 1909년 10월
26일 하얼빈역에서 이토 히로부미를 쓰
러뜨려 한국의 독립 의지를 세계에 알린
안중근 의사를 기념·추모하고, 유품 등
관련 자료를 수집·전시하는 기념관입니
다. 1970년에 만들어졌고, 2010년 안중
근 의사의 동상이 세워져 있는 서울 남산

안중근 의사 기념관 전경 ⓒ안중근 의사 기념관

공원에 새로운 건물을 지어 옮겼습니다. 안중근 의사 숭모회가 국가 보훈부의 위임을 받
아 운영하고 있습니다.

중앙홀에는 안중근 의사의 대형 좌상이 있는데, 입
장할 때 참배하는 곳입니다. 공간이 넓어 각종 기념
식과 행사가 진행되기도 합니다.

제1전시실은 안중근 의사가 어떤 사람이었는지를
알아보는 공간입니다. 안중근 의사가 살던 시대는
어땠는지, 안중근 의사의 가문이 어떻게 독립운동에
헌신했는지 등을 사진과 함께 설명하고 있습니다.

제2전시실에서는 안중근 의사가 무엇을 보고 들었
으며, 어떤 과정을 거쳐 독립운동에 뛰어들게 되었
는지 알 수 있습니다. 천주교를 통해 새로운 문물에
눈뜨고, 국채 보상 운동에 참여했다가 해외로 건너
가 의병 활동을 펼치던 안중근 의사의 모습을 살펴

안중근 의사 기념관 중앙홀 ⓒ안중근 의사 기념관

볼 수 있습니다.

제3전시실에서는 하얼빈 의거를 계획한 과정과 관련된 국내외 기록, 의거 후 법정 투쟁을
펼친 과정, 옥중에서 《안응칠역사》와 《동양평화론》을 쓰게 된 안중근 의사의 모습을 볼 수
있습니다.

기획전시실에서는 안중근 의사가 감옥에서 쓴 유서, 원고, 붓글씨 등과 안중근 의사의 옥중 사진을 직접 만나 볼 수 있습니다.

체험전시실에서는 안중근 의사의 단지 혈서를 엽서로 만들기, 안중근 의사에게 편지 쓰기, 안중근 의사 유묵 찍어 보기 등을 통해 어린이 관람자가 안중근 의사를 되새겨 보는 활동을 할 수 있습니다.

안중근 의사 기념관 기획전시실 ⓒ안중근 의사 기념관

안중근 의사 기념관에 가면 안중근 의사의 말씀 80글자를 한 자 한 자 그려 넣은 멋진 미술 작품을 확인할 수 있습니다. 이는 안중근 의사의 말씀이 우리가 꿈꾸는 평화로운 세상을 받치는 기둥이 되어 모든 사람들의 마음속에 영원히 남기를 바라는 염원을 담은 작품입니다.

안중근 의사의 가묘

서울특별시 용산구의 효창 공원에 가면 총 세 곳에 독립운동가의 묘소가 마련되어 있습니다. 대한민국 임시 정부 주석 김구 선생의 묘역, 임시 정부에서 활동한 이동녕 · 차리석 · 조성환 선생의 묘역, 윤봉길 · 이봉창 · 백정기 의사 세 분의 유해를 모신 삼의사 묘역이 있습니다.

삼의사 묘역 옆에 안중근 의사의 묘소가 만들어져 있는데, 이곳에 안중근 의사의 유해는 없습니다. 안중근 의사가 뤼순 감옥에서 세상을 떠난 뒤, 일본은 안중근 의사의 유해를 어디에 묻었는지 제대로 알려 주지 않았습니다. 그래서 안중근 의사의 유해는 아직도 고국으로 돌아오지 못했습니다. 나중에라도 안중근 의사의 유해를 찾으면 여기로 모셔 와 안장할 예정입니다.

효창 공원에 지어진 안중근 의사의 가묘 ⓒ문화재청

한국사 연표

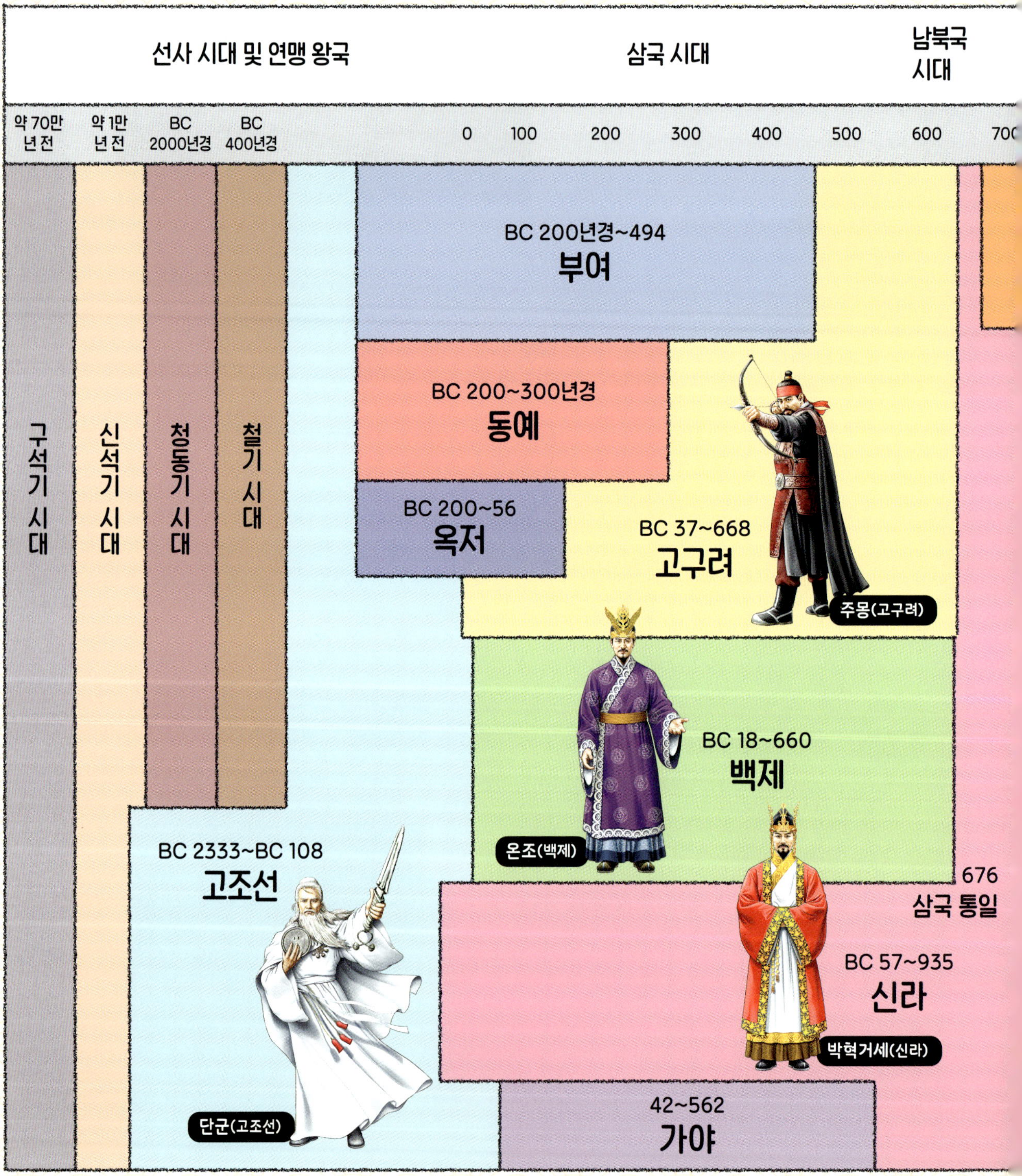

선사 시대 및 연맹 왕국				삼국 시대								남북국 시대

약 70만 년 전	약 1만 년 전	BC 2000년경	BC 400년경	0	100	200	300	400	500	600	700

구석기 시대

신석기 시대

청동기 시대

철기 시대

BC 200년경~494
부여

BC 200~300년경
동예

BC 200~56
옥저

BC 37~668
고구려

주몽(고구려)

BC 18~660
백제

온조(백제)

BC 2333~BC 108
고조선

단군(고조선)

676
삼국 통일

BC 57~935
신라

박혁거세(신라)

42~562
가야

후삼국 시대	고려 시대	조선 시대	대한 제국	일제 강점기	대한 민국

| 800 | 900 | 1000 | 1100 | 1200 | 1300 | 1400 | 1500 | 1600 | 1700 | 1800 | 1900 | 2000 |

발해
698~926

대조영(발해)

901~918 후고구려

궁예(후고구려)

견훤(후백제)

900~936 후백제

1392~1910
조선

이성계(조선)

918~1392
고려

왕건(고려)

1897~1910 대한 제국

1910~1945 일제 강점기

1945~현재 대한민국

하루 한 장 **한국사**와 **국어** 실력 쌓기
만화로 만난 인물을 **독해**로 만나다!

근현대사
독해 워크북

역사의 이해도를 넓히고 문해력을 키워 주는
근현대사 독해 워크북 특징!

1 **하루 15분 꾸준한 독해 활동을 도와줍니다.**

매일 1장씩 7일 동안 학습하면 성취감이 올라가고
자기 주도 학습 능력을 키울 수 있습니다.

2 **한국사 인물을 글과 문제로 깊이 이해합니다.**

만화로 알게 된 인물에 더욱 공감할 수 있고
역사적인 사실을 더 자세히 알 수 있습니다.

3 **다양한 형식의 글을 경험할 수 있습니다.**

일기, 편지, 강연록, 뉴스, 신문 사설, 광고문 등을 통해
문해력은 물론 국어의 모든 영역이 발달합니다.

안중근

급진 개화파의 정변, 3일 만에 끝나다!

급진 개화파의 정변이 3일 만에 끝났다는 긴급 속보를 전해 드립니다.

최근 조선에는 변화의 물결이 거세게 불었습니다. 안으로는 낡은 사회 제도를 바꾸고 근대 •자본주의 사회로 나아가려는 움직임이 있었고, 밖으로는 일본과 서양 국가들이 무력을 앞세워 통상을 요구하며 침략해 왔습니다. 이런 가운데 중인 출신의 지식인과 양반 관료를 중심으로 조선 사회를 개혁하려는 '개화파'가 형성되었습니다.

하지만 신식 군대와의 차별 대우에 불만을 품은 구식 군인들이 •임오군란을 일으키고, 중전 민씨를 중심으로 형성된 정권이 청나라에 출병을 요청하면서 청나라의 간섭이 심해지고, 개화파의 평화적인 개혁 노력은 벽에 부딪혔습니다.

김옥균, 박영효를 중심으로 조직된 급진 개화파는 사회를 개혁하기 위해 우정국이 처음 생긴 것을 축하하는 잔치가 열리는 날, 일본의 힘을 빌려 정변에 성공했습니다. 그러고는 그동안 청나라에 해 오던 사대 외교와 신분제, 왕권 중심제를 폐지하고, •입헌 군주제 국가로 거듭나자는 내용을 담은 개혁안을 발표했습니다.

하지만 3일째 되던 날 청나라 군대가 개입하면서 개화를 주도적으로 이끌던 김옥균은 일본으로 망명하고, 홍영식 등은 잡혀서 처형당함으로써 개혁은 끝이 나고 말았습니다. 급진 개화파의 개혁안에는 우리 사회에 꼭 필요한 내용도 있었는데, 이렇게 실패로 끝나 씁쓸함을 남깁니다.

1 뉴스에 나온 '정변'에 대한 설명으로 <mark>틀린</mark> 것을 고르세요.

① 조선에도 사회를 개혁하려는 개화파가 등장했다.

② 개화파는 청나라 군대의 힘을 빌려 정변에 성공했다.

③ 급진 개화파의 개혁안 중에는 꼭 필요한 내용도 있었다.

④ 조선에서 자본주의 사회로 나아가려는 움직임이 있었다.

2 급진 개화파의 사회 개혁안이 <mark>아닌</mark> 것은?

① 신분제를 폐지한다.

② 입헌 군주제 국가로 개혁한다.

③ 왕을 중심으로 나라를 재정비한다.

④ 청나라에 대한 사대 외교를 끝낸다.

3 헌법이 정한 범위 안에서만 왕이 권력을 행사할 수 있는 정치 제도는 무엇일까요?

4 사건이 일어난 순서대로 번호를 쓰세요.

① 청나라 군대가 개입하면서 정변이 실패했다.

② 김옥균, 박영효를 중심으로 급진 개화파가 정변을 일으켰다.

③ 신식 군대와의 차별 대우에 불만을 품은 구식 군인들이 임오군란을 일으켰다.

✏️ 낱말 풀이

- **자본주의** 자본가가 이윤을 얻기 위해 생산 활동하는 것을 보장하는 사회 제도
- **임오군란** 1882년 차별 대우와 임금 체불에 불만을 품은 구식 군대 군인들이 일으킨 난리
- **입헌 군주제** 헌법이 정한 범위 안에서만 왕이 권력을 행사할 수 있는 정치 제도

주제 : 독립운동에 참여한 안중근의 가족

여러분 반갑습니다. 역사학자 최다산입니다. 오늘은 하얼빈 의거의 주인공인 안중근 의사의 가족에 관해 이야기해 보려고 합니다. 우리에게 널리 알려진 인물은 안중근 의사뿐이지만, 사실은 그의 가족과 친척 중에도 독립운동가가 많았습니다.

먼저 어머니인 조마리아 여사는 독립운동에 활발하게 참여한 것으로 유명합니다. 국채 보상 운동에 참여하기도 했고, 안중근 의사가 서거한 뒤에는 중국 상하이에서 독립운동가를 지원하는 일에 힘썼습니다.

안 의사의 바로 아래 동생인 안정근은 북만주 지역에서 제각각 활동하던 독립군단을 통합해 청산리 전투의 기반을 다졌고, 막냇동생인 안공근은 •임시 정부에 참여하고 상하이 한인 교민단 단장을 지냈으며, 한국 국민당을 조직해 독립군 양성에 힘썼습니다. 또한 이념이 달라 갈라져 있는 독립운동 단체를 통합하려고 노력했지요.

안 의사의 사촌 동생들도 독립운동에 •투신했습니다. 안명근은 무관 학교 설립을 위해 자금 모금 활동을 했고, 안경근은 임시 정부에서 김구 주석의 보좌관을 지냈습니다. 조카인 안우생과 안미생도 임시 정부에서 활동했습니다.

두렵고 어려운 길인 독립운동에 가족들이 다 같이 뛰어들었기에 안중근 의사가 더욱 용기를 낼 수 있었던 것이 아닐까 짐작해 봅니다.

그럼 오늘은 여기까지 하고, 다음 시간에 더 재미있는 이야기를 가지고 오겠습니다. 감사합니다.

1 ‘투신’이라는 말이 [보기]와 **다른** 뜻으로 쓰인 것을 고르세요.

> **보기)** 안중근 의사의 사촌 동생도 독립운동에 투신했습니다.

① 일본 경찰에 쫓겨 바다에 투신했습니다.

② 할아버지는 한평생을 교육계에 투신하셨습니다.

③ 난 다른 사람을 돕는 사회사업에 투신할 생각입니다.

④ 나는 겁이 많아서 경찰 같은 직업에 투신하지 못하겠습니다.

2 설명에 맞는 사람을 찾아 선으로 이으세요.

| ① 한국 국민당을 조직해 독립군 양성에 힘썼다. | • | • | ㉠ 안경근 |

| ② 중국 상하이에서 독립운동가를 지원하는 일에 힘썼다. | • | • | ㉡ 안공근 |

| ③ 임시 정부에서 김구 주석의 보좌관을 지냈다. | • | • | ㉢ 조마리아 |

3 다음 글을 읽고 알맞은 말에 ○표시하세요.

• 임시 정부는 (상하이 / 하얼빈)에 세워졌다.

• 조마리아 여사는 (국채 보상 운동 / 민립 대학 설립 운동)에 참여했다.

✏️ **낱말 풀이**

● **임시 정부** 대한민국 광복을 이루기 위해 중국 상하이에 임시로 세운 정부
● **투신** 어떤 직업이나 분야에 몸을 던져 일함

뮈텔 주교님께

제가 천주님의 뜻을 전하러 온 지도 벌써 12년이나 되었습니다. 그동안 조선이 천주교를 박해하면서 수많은 희생자가 나왔지만, 그래도 황해도에서 천주교가 이만큼 자리를 잡게 된 것은 안태훈 일가의 도움이 있었기 때문 아닙니까? 그리고 안태훈의 아들인 도마(안중근)가 타인의 생명을 해치지 말라는 천주교의 가르침은 어겼으나, 동포가 희생당하는 상황에 할 수 있는 일이 그것밖에 없었다고 이해해 주실 수는 없겠습니까? 부디, 도마에게 성사하는 것을 허락해 주시길 바랍니다.

빌렘 올림

빌렘 신부 보세요

초대 한국 통감을 살해한 도마의 행동은 어떤 이유로도 정당화할 수 없습니다. 천주교가 조선에서 100년 넘게 박해당하다가, 조선-프랑스 수호 조약을 통해 이제야 간신히 자유롭게 •선교 활동을 하게 되었습니다. 이럴 때 도마에게 성사해 주면 천주교와 일본 정부의 사이가 불편해지리라는 것은 불 보듯 뻔한 일입니다. 우리는 사람들에게 천주님의 말씀을 전하며 •중립을 지키면 됩니다. 도마에게 성사하는 것을 절대로 허락할 수 없습니다.

뮈텔 보냄

1 ▶ **다음 설명 중 옳은 것을 고르세요.**

① 도마는 초대 한국 통감을 암살했다.

② 빌렘 신부는 도마에게 성사해 주지 않으려 한다.

③ 안태훈 일가는 경상도에서 천주교가 자리 잡는 데 도움을 주었다.

④ 천주교는 조선과 프랑스가 수호 조약을 맺으면서 더욱 엄격하게 금지되었다.

2 ▶ **빈칸에 알맞은 말을 [보기]에서 찾아 쓰세요.**

> 보기) 선교   야외   건강   생명

- 조선–프랑스 수호 조약을 맺은 후 천주교는 자유롭게 _____ 활동을 할 수 있게 되었다.

- 도마는 타인의 _____ 을 해치지 말라는 천주교의 가르침을 어겼다.

3 ▶ **사건이 일어난 순서대로 번호를 쓰세요.**

① 도마가 초대 한국 통감을 살해하였다.

② 빌렘 신부는 도마에게 성사해 주기 위해 편지를 썼다.

③ 안태훈 가문의 도움으로 천주교가 황해도에서 자리를 잡게 되었다.

✏️ **낱말 풀이**

- **선교** 종교를 선전하여 널리 퍼뜨리는 일
- **중립** 의견이나 태도가 어느 쪽으로도 치우치지 않은 상태

나라를 어떻게 살릴 수 있을까

　일본이 대한 제국을 보호해 준다는 구실을 내세워 강제로 대한 제국의 외교권을 빼앗는 '을사조약'을 맺었다.

　보호해 준다는 일본의 말을 곧이곧대로 믿는 백성이 어디 있을 것인가. 또 대한 제국의 국력이 약하면 얼마나 약할 것이고, 아무리 약하다고 한들 한 나라가 스스로 외교 •권한을 놓아 버리는 일이 있을 수 있단 말인가. 그것도 백성들로부터 거둔 세금으로 봉급을 받고 사는 내각 대신들이 앞장서서 조약서에 서명하다니…….

　동포들은 사방에서 저항하고 있다. 신문들은 강제로 조약을 맺어 침략한 일본을 규탄하고, 황제의 허락도 제대로 받지 않고 조약을 체결한 을사오적(이완용, 이근택, 이지용, 박제순, 권중현)의 이름을 널리 알렸다. 동포들은 일본 경찰의 감시와 탄압에 굴하지 않고 황제의 동의 없이 맺은 조약은 효력이 없음을 주장하고, 전국의 •유생들은 죽음으로써 조약이 무효함을 호소하고 있다.

　그렇다면 나는 무엇을 할 수 있을까? 나만이 할 수 있는 일은 무엇일까?

　최근 일본의 탄압을 피해 청나라나 러시아로 떠나는 사람이 많아졌다는 소식이 들린다. 우선 외국으로 나가 동포들을 찾고, 대한 제국의 권리를 되찾기 위해 힘을 모을 방법을 생각해야겠다.

1 일본이 대한 제국을 보호해 준다는 구실을 내세워 강제로 외교권을 빼앗은 조약은 무엇인가요?

2 강제로 조약을 맺은 후 백성들이 보인 반응이 <mark>아닌</mark> 것을 고르세요.

① 전국 각지에서 의병이 일어났다.

② 조약을 체결한 을사오적의 이름을 널리 알렸다.

③ 일본이 대한 제국을 보호해 준다는 말을 믿었다.

④ 유생들은 죽음으로써 조약이 무효함을 호소했다.

3 안중근이 아래와 같이 말할 때 가장 어울리는 목소리를 고르세요.

백성들로부터 거둔 세금으로 봉급을 받는 내각 대신들이 앞장서서 조약서에 서명하다니…….

① 분노한 목소리   ② 즐거운 목소리

③ 부러워하는 목소리   ④ 조심스러운 목소리

4 다음 중 을사오적이 <mark>아닌</mark> 사람을 고르세요.

① 박제순   ② 이완용

③ 이지용   ④ 조마리아

🖊 낱말 풀이

- **권한** 사람이나 기관의 권리나 영향력이 미치는 범위
- **유생** 유학을 공부하는 선비

신민회 회원으로 참여하세요!

당장 우리 민족에게 실력이 없어 일본에게 국권을 **빼앗긴** 것은 사실입니다. 그렇다고 해서 나라가 망하는 상황에서 가만히 있어서야 되겠습니까? 우리 비밀 단체에 가입해 활동하세요. 국권을 강제로 **빼앗아** 간 일본 제국주의에 실력으로 맞섭시다!

---

1. 조직 소개
- 명칭: 신민회
- 규모: 회원 800여 명
- 목적: 우선 일제의 침략에서 벗어나 국권을 회복하고자 합니다. 그리고 국권을 회복하면 앞으로 만들어질 나라는 왕이 없는 •공화정으로 계획하고 있습니다. 우리는 당장 힘이 없어 국권을 빼앗겼기 때문에, 무엇보다 실력 •양성 운동에 온 힘을 쏟아야 합니다. 사회와 국가, 국민이 모두 실력을 키우면 반드시 나라를 되찾을 수 있습니다.

2. 참여 자격
- 나라를 사랑하고 독립운동에 몸을 바칠 결심을 한 사람

3. 주요 지원 활동
여러분이 보내 주신 돈으로 이런 사업을 합니다.
- 국권을 회복해 자유 독립 국가를 세웁니다.
- 대성 학교, 오산 학교 등 전국에 학교를 세워 교육 사업을 추진합니다.
- 국민을 깨우치기 위해 강연회를 열고, 출판 활동을 지원합니다.
- 다양한 민족 회사를 세워 경제 독립에 이바지합니다.
- 의병의 현대화를 위해 외국에 무관 학교와 독립군 기지를 세웁니다.

1 ▶ 신민회가 지원하는 활동입니다. 맞으면 ○, 틀리면 ✕ 표시하세요.

- 외국에 독립군 기지 설립   (   )
- 일본 말과 글 가르치기   (   )
- 다양한 민족 회사를 세워 경제 독립에 이바지하기   (   )

2 ▶ 다음 설명 중 옳지 <mark>않은</mark> 것을 고르세요.

① 신민회는 전국에 학교를 세우려 했다.

② 신민회에는 800여 명의 회원이 참여했다.

③ 신민회는 독립을 위해 우선 실력을 키워야 한다고 생각했다.

④ 신민회는 강연회나 출판 활동을 통해 일본 제국주의를 선전했다.

3 ▶ 다음 글을 읽고 알맞은 말에 ○표시하세요.

- 신민회는 나라의 (실력 / 체력)을 키우려 했습니다.
- 신민회는 국권을 회복한 뒤 나라를 (입헌 군주정 / 공화정)으로 만들려 했습니다.

4 ▶ 빈칸에 들어갈 알맞은 말을 글에서 찾아 쓰세요.

다양한 _____ 회사를 세워 _____ 독립에 이바지

하고, _____ 의 현대화를 위해 외국에 무관 학교와 독립군 기지를

세웁니다.

✏️ **낱말 풀이**

- **공화정** 나라를 국민들이 공동으로 소유하는 정치 체제
- **양성** 실력이나 역량 따위를 길러서 발전시킴

뤼순 감옥에서 쓴 안중근의 저서

오늘은 하얼빈 의거 후, 안중근 의사가 뤼순 감옥에 수감되었을 때 쓴 두 권의 책에 대해 알아보겠습니다. 《안응칠역사》는 안중근 의사가 직접 쓴 자서전이라는 점에서 역사적 가치가 두드러지고, 《동양평화론》은 '동양 평화'를 위해 어떤 노력을 해야 하는가를 담았습니다.

먼저 《안응칠역사》는 안중근 의사의 탄생부터 가족의 일화, 성장 과정을 담고 있습니다. 안중근 의사가 천주교에 입교한 이야기, 의병 전쟁에 참여한 이야기, 그리고 하얼빈에서 이토 히로부미를 저격한 후 심문과 •공판 과정, 사형을 앞두고 마지막으로 천주교 성사를 받기까지의 내용이 자세하게 기록되어 있습니다.

《동양평화론》은 동양의 평화를 이룰 방법을 담은 책으로, 원래 다섯 개의 장으로 구성해 1개월 동안 완성할 예정이었습니다. 하지만 일본 재판부가 사형 집행 •연기를 받아들이지 않아, 앞의 두 장을 쓴 직후에 사형이 집행되어 완성하지 못했습니다. 안중근 의사가 생각한 동양 평화는 "한·중·일 3국이 공동 자본으로 공동 은행을 설립하여, 공동 화폐를 발행해 어려운 나라를 서로 돕고, 동북아 공동 안보 체제를 구축하여 국제 평화군을 창설하자."라는 내용을 담고 있습니다. 이는 현대의 유럽 연합 등이 추구하는 바와도 비슷해, 안중근 의사의 사상이 얼마나 앞섰는지를 알 수 있지요.

1 책에 맞는 설명을 찾아 선으로 이으세요.

①《동양평화론》 •   • ㉠ 안중근 의사의 일생이 기록되어 있다.

②《안응칠역사》 •   • ㉡ 동양의 평화를 이룰 방법을 담고 있다.

2 다음 설명 중 옳은 것을 <mark>모두</mark> 고르세요.

①《안응칠역사》는 안중근이 직접 쓴 자서전이다.

② 안중근은《동양평화론》을 완성한 후에 사형 집행을 당했다.

③《안응칠역사》에는 이토 히로부미를 저격한 이후의 이야기는 담겨 있지 않다.

④《동양평화론》은 동양 평화를 위해 한·중·일이 어떤 노력을 해야 하는가를 담았다.

3 [보기]에 쓴 '연기'와 <mark>다른</mark> 뜻으로 쓰인 것을 고르세요.

> **보기)** 일본 재판부가 사형 집행일 연기 신청을 받아들이지 않았다.

① 저 멀리 굴뚝에서 연기가 나고 있어요.

② 독후감 제출하는 날짜를 연기해 달라고 해 보아야겠다.

③ 피할 수 없는 일이라면 연기하는 것보다는 부딪쳐 보는 게 낫다.

④ 자연재해로 건물이 망가져 회의 날짜가 한 달 뒤로 연기되었습니다.

낱말 풀이

- **공판** 형사 사건을 법원이 조사하는 절차
- **연기** 다음 세대의 사람들

안중근 의사 기념관에 다녀왔어요

- **학습자:** ○○초등학교 ○학년○반 ○○○
- **학습 장소:** 서울특별시 중구 안중근 의사 기념관
- **학습 기간:** ○○월 ○○일 ~ ○○월○○일
- **학습 주제:** 안중근 의사가 바라던 '동양 평화'에 대해 알아본다.

- **학습 내용 및 자료 사진:** 안중근 의사 기념관은 안중근 의사의 유품 등 관련 자료를 수집·전시하고, 기념·추모 사업을 하는 기념관이다. 기념관 중앙홀에는 안중근 의사의 대형 조형물이 있다. 여기서 참배하고 기념관을 둘러보았다.

제1, 제2전시실에서는 안중근 의사가 어떤 사람이었고, 무엇을 보고 들었으며, 어떤 과정을 거쳐 독립운동을 하게 되었는지 살펴볼 수 있게 되어 있었다. 인상 깊었던 전시실은 제3전시실이었는데, 하얼빈 의거를 계획한 과정을 알아볼 수 있는 기록, 의거 후 법정 투쟁과 옥중에서 쓴 책의 집필 과정이 전시되어 있었다. 특히 당시 한국과 중국, 일본이 중심이 되어 아시아의 평화를 이끌자는 내용이 담긴《동양평화론》과 관련된 전시와 기획전시실에 있는 원고와 붓글씨 등을 보면서 평화로운 세상을 만드는 일이 왜 이렇게 어려울까 하는 생각이 들었다.

- **느낀 점:** 현대의 세계 여러 공동체가 실현하려는 '평화'에 대한 •구상을 안중근 의사가 이미 100여 년 전에 했다니, 시대를 앞서간 인물이었다는 생각이 든다. 서울 효창 공원에 안중근 의사의 묘소가 있다고 한다. •유해를 발견하면 이곳에 모실 예정이라고 하는데, 더 자세히 알아보고 싶다.

1 안중근 의사의 유품과 관련 자료를 수집·전시하고, 기념·추모 사업을 하는 곳의 이름은 무엇일까요?

2 [보기]를 쓴 사람이 느끼는 감정으로 가장 어울리지 <mark>않는</mark> 것을 고르세요.

> **보기)** 현대의 세계 공동체가 실현하려는 '평화'에 대한 구상을 안중근 의사가 이미 100여 년 전에 했다니!

① 궁금함   ② 놀라움

③ 신기함   ④ 지루함

3 다음 설명 중 옳은 것을 고르세요.

① 안중근 의사 기념관은 서울에 있다.

② 안중근 의사의 유해는 효창 공원에 모셔져 있다.

③ 안중근 의사 기념관에는 참배할 수 있는 공간이 없다.

④《동양평화론》은 안중근 의사의 일생을 기록한 책이다.

✏️ 낱말 풀이

- **구상** 앞으로 하려는 일의 내용이나 규모, 실현 방법 등을 어떻게 정할지 이리저리 생각함
- **유해** 시신을 태우고 남은 뼈, 무덤에서 나온 뼈

안중근

1일	❶ ②	❷ ③
	❸ 입헌 군주제	❹ ③ → ② → ①
2일	❶ ①	❷ ①-ㄴ, ②-ㄷ, ③-ㄱ
	❸ 상하이, 국채 보상 운동	
3일	❶ ①	❷ 선교, 생명
	❸ ③ → ① → ②	
4일	❶ 을사조약	❷ ③
	❸ ①	❹ ④
5일	❶ ○, ×, ○	❷ ④
	❸ 민족, 경제, 의병	
6일	❶ ①-ㄴ, ②-ㄱ	❷ ①, ④
	❸ ①	
7일	❶ 안중근 의사 기념관	❷ ④
	❸ ①